史光辉 ◎ 著

舆情

应急处置心理学
策略与方法

中国文史出版社

CHINA CULTURAL AND HISTORICAL PRESS

图书在版编目（ＣＩＰ）数据

舆情应急处置心理学策略与方法 / 史光辉著 .
北京：中国文史出版社，2024. 8.
　　ISBN 978-7-5205-4893-9
　　Ⅰ. C912.63

中国国家版本馆 CIP 数据核字第 2024RX9486 号

责任编辑：　徐玉霞

出版发行：中国文史出版社
社　　　址：北京市海淀区西八里庄路 69 号院　邮编：100142
电　　　话：010-81136606　81136602　81136603（发行部）
传　　　真：010-81136655
印　　　装：廊坊市澜耀印务有限公司
经　　　销：全国新华书店
开　　　本：1/16
印　　　张：19.25
字　　　数：300 千字
版　　　次：2025 年 3 月第 1 版
印　　　次：2025 年 3 月第 1 次印刷
定　　　价：68.00 元

自序

在这个信息爆炸的时代，舆情的力量日益凸显，其影响范围之广、速度之快，前所未有。舆情不仅关乎个人和组织的声誉，更与社会的稳定和发展紧密相连。因此，如何妥善应对舆情危机，成为我们这个时代必须面对的重要课题。

《舆情应急处置心理学策略与方法》一书的出版，正是基于这样的时代背景和社会需求。本书旨在通过深入探讨舆情应急处置的心理学原理与实战策略，为广大读者提供一套科学、实用的舆情应对方案。

在创作过程中，我深感舆情应急处置的复杂性和挑战性。舆情危机往往突如其来，要求我们在极短的时间内做出正确判断和有效应对。这不仅需要我们有丰富的知识储备和经验积累，更需要我们具备敏锐的洞察力和灵活的应变能力。

为此，我在本书中详细剖析了舆情应急处置的心理学现象、实战策略以及具体案例。希望通过这些分析，能够帮助读者更好地理解舆情危机的本质和规律，掌握有效的应对策略和方法。

同时，我也意识到，舆情应急处置并非一蹴而就的过程，而是需要不断学习、实践和总结。因此，我在书中也分享了一些个人的思考和见解，以期能够激发读者的思考和讨论，共同推动舆情应急处置领域的发展。

最后，我要感谢所有为本书付出努力的人，包括我的家人、朋友和同事。他们的支持和鼓励是我创作过程中的重要动力。同时，也要感谢广大读者的支持和反馈，你们的意见和建议是我不断改进和提高的重要依据。

希望《舆情心理学应急处置策略与方法》一书能够为广大读者带来实质性的帮助，让我们共同面对舆情挑战，共同维护社会的和谐与稳定。

史光辉

2024 年 8 月 18 日

目 录

在信息化、网络化的今天，舆情已经成为影响社会和谐、企业生存、个人名誉的重要因素。如何科学、有效地进行舆情应急处置，既是一项紧迫的现实任务，也是一项值得研究的学术课题。本书尝试从心理学的视角，探讨舆情应急处置的策略与方法，帮助读者提升应对舆情危机的能力。

第一节 目的与概述

一、写作目的

本书的写作目的在于提高公众对舆情应急处置重要性的认识。通过分析舆情危机的形成、扩散和影响，使读者深刻认识到及时、科学的舆情应急处置对于维护社会稳定、企业形象和个人权益的重要性。

揭示心理学在舆情应急处置中的作用。阐述心理学原理在舆情形成、传播和应对中的应用，帮助读者理解舆情背后的心理机制，为制定有效的应对策略提供依据。

提供实用的舆情应急处置心理学策略。结合案例分析，介绍针对不同心理反应的实战策略，以及与公众进行有效沟通、恢复公众信任的心理学技巧，为读者提供可操作的指导。

展望舆情应急处置心理学的未来发展。通过分析当前面临的挑战与发展趋势，激发读者对舆情应急处置心理学的持续关注和深入研究。

二、内容概述

本书共分为六章：

第一章引言部分，主要阐述本书的写作目的与内容概述，强调舆情应急处置的重要性。

第二章探讨心理学现象与舆情的关系，包括心理学现象概述、心理学现象对舆情的影响以及典型心理学效应，辅以案例分析，以帮助读者深入了解舆情背后的心理机制。

第三章重点介绍舆情应急处置心理学实战策略，包括舆情应急处置的定义与重要性、心理学在舆情应急处置中的角色、舆情应急处置中的心理反应概述、舆情应急处置中的心理反应及应对策略、与公众进行有效沟通的心理学技巧以及恢复公众信任的心理学方法，并附上案例分析，以便读者理解和掌握实际操作技巧。

第四章通过多个实战案例来详细解析舆情应急处置的应用场景，涵盖企业、政府部门、突发公共事件、金融行业和医疗行业等领域，使读者能在具体情境中学习和应用舆情应急处置的策略。

第五章、第六章两个章节对全书进行总结，概括舆情应急处置心理学的策略与方法，深入地剖析了舆情管理的复杂性和重要性。同时，展望未来的挑战与发展趋势，以引发更深入的思考和研究。

第二节 舆情应急处置的重要性

一、维护社会稳定

舆情往往涉及公众关注的热点、焦点问题，如果处理不当，容易引发社会不满和动荡。舆情应急处置能够及时发现、化解矛盾，避免舆情升级为社会冲突，维护社会和谐稳定。

二、保障企业和个人权益

对于企业而言，舆情危机可能损害品牌形象、降低市场份额；对于个人而言，舆情危机可能侵犯名誉权、隐私权等。舆情应急处置能够迅速响应、科学应对，减少损失，维护企业和个人的合法权益。

三、提升政府公信力

政府部门作为公共权力的代表，其形象和信誉对于政府工作的顺利开展至关重要。舆情应急处置能够体现政府的责任感和担当精神，增强公众对政府的信任和支持。

四、引导舆论走向

舆情应急处置不仅是应对危机，更是引导舆论的重要手段。

通过及时发布权威信息、解读政策、回应关切，能够占领舆论高地，掌握话语权，引导舆论走向积极、健康的方向。

五、防范风险扩散

舆情危机具有传播速度快、影响范围广的特点。舆情应急处置能够迅速采取措施，切断风险传播途径，防止危机扩散和升级。

六、促进问题解决

舆情往往反映了社会的热点问题和矛盾。舆情应急处置能够深入剖析问题根源，推动问题解决和制度完善，促进社会进步。

舆情应急处置对于维护社会稳定、保障企业和个人权益、提升政府公信力、引导舆论走向、防范风险扩散以及促进问题解决等方面都具有重要意义。在当前信息化、网络化的社会背景下，加强舆情应急处置能力建设显得尤为重要和紧迫。

第二章

心理学现象与舆情

第一节 心理学现象概述

心理学现象是指人类心理活动、行为及与之相关的反应和变化。这些现象在我们的日常生活中随处可见，它们受到各种因素的影响，包括个人经历、情感、动机、认知过程、社会影响等。心理学现象的深入研究有助于我们更好地理解人类行为，预测和应对各种情况。

舆情作为社会群体对某一事件或话题的共同看法和态度，深受各种心理学现象的影响。这些心理学现象无形中塑造了公众的观点、情绪和行为，进而影响舆情的走向和发展。以下内容，我们将详细探讨心理学现象是如何影响舆情的。

第二节 心理学现象对舆情的影响

一、群体心理与集体无意识

（一）群体极化现象

群体极化现象是指，在一个群体中，个体往往会受到同伴的影响，跟随他们的决策或态度，使得群体的决策或态度更加极端。这个现象最早是由社会心理学家在观察群体讨论与决策的过程中发现的。

社会从众压力：个体在群体中会感受到来自同伴的压力，这种压力会促使他们采取与大多数人相同的态度或决策，以获得认同和接受。

群体思维：群体思维是指群体成员在讨论和决策时，往往会倾向于一种集体性的思考方式，忽略或者排斥与自己不同的意见，从而使得群体的决策更加单一和极端。

情绪感染：群体中的情绪感染非常明显。当一个成员表达出某种情绪时，其他成员很容易被感染，从而使整个群体的情绪趋于一致。这种情绪感染也会促使群体的决策更加极端。

信息交流：在群体中，信息交流是非常频繁的。当一个成员获得某种信息后，很可能会与其他成员分享，从而使整个群体都能够快速地了解并接受这种信息。这也可能导致群体的决策更加极端。

群体极化现象是受到多种心理学现象的影响而产生的。这种现象的存在提醒我们，在面对公共舆情事件时，应该保持理性思考和客观态度，避免盲目从众或者被情绪左右。同时，政府和社会各界也应该关注并解决群体极化现象所带来的问题，以促进社会的和谐与稳定。

处理群体极化现象需要考虑多个方面：

假设发生了一起交通事故，有一名行人被一辆汽车撞伤，引起了公众的广泛关注和讨论。在这种情况下，心理学现象对舆情的影响和处理群体极化现象的方式可以体现在以下几个方面：

情绪感染：这起交通事故可能会引发公众的愤怒和悲伤情绪，导致舆情偏向极端。一些人可能会指责司机是故意撞人的，而另一些人则可能会认为行人不遵守交通规则，才会导致事故的发生。这种情绪感染可能会导致群体极化现象的加剧。

处理方式：政府和媒体应该及时发布权威信息，还原事故的真实情况，避免公众因为情绪感染而产生极端观点。同时，可以通过组织专家进行解读和分析，让公众了解事故的具体情况和产生的原因。

社会从众压力：在舆情事件中，一些人可能会因为社会从众压力而跟随大多数人的观点，即使他们并不完全认同这种观点。这种从众行为可能会导致群体极化现象的加剧。

处理方式：政府和媒体应该鼓励公众进行独立思考和判断，不盲目从众。可以通过提供多个角度和观点的信息，让公众了解事故的全面情况，并引导他们进行理性思考。此外，可以搭建一个开放、平等的交流平台，让公众能够自由地表达自己的观点和意见。

群体思维：在讨论和决策过程中，群体思维可能会导致人们忽略或者排斥与自己不同的意见，从而使群体的决策更加单一和极端。

处理方式：政府和媒体应该鼓励公众尊重不同的观点和意见，并通过提供多元信息来平衡群体的思维。同时，可以组织多元化的讨论和辩论，让不同观点的人进行交流和碰撞，以促进全面思考和客观判断。

总之，在处理群体极化现象时，政府、媒体和公众应该共同努力。提供权威信息、引导公众进行理性思考、鼓励多元化交流等方式，可以有效地缓解群体极化现象带来的负面影响，促进社会的和谐与稳定。

（二）乌合之众效应

乌合之众效应是指，在舆情事件中，大量个体在情绪感染和社会从众压力下，形成一种集体无意识的状态，导致群体行为和决策缺乏理性和独立思考。这种现象在心理学中被视为群体心理的一种表现形式。

情绪感染的强化：在乌合之众效应下，个体容易受到周围人群的情绪感染，使得愤怒、悲伤等极端情绪得到强化，进而导致群体行为和决策更加偏激和极端。

社会从众压力的增大：在群体中，个体往往会感受到来自同伴的压力，这种压力促使他们采取与大多数人相同的态度或决策。乌合之众效应会增大这种社会从众压力，使个体更加倾向于跟随群体的决策和行为。

理性思考的缺失：在乌合之众效应下，个体往往被情绪左右，缺乏理性和独立思考的能力。这导致他们容易受到误导和谣言的影响，无法对舆情事件进行客观、全面的评估。

群体极化的加剧：乌合之众效应会加剧群体极化现象。在群体中，个体的观点和行为容易受到同伴的影响，使群体的决策和行为更加极端。

 例

近期，一位知名企业家在社交媒体上公开道歉，原因是其公司被曝光在生产过程中存在环境污染和违规操作等问题。这引起了公众的广泛关注和讨论。

在这个事件中，心理学现象对舆情的影响和处理乌合之众效应的方式可以体现在以下几个方面：

情绪感染的强化：该事件引发了公众的愤怒和失望情绪，因为人们对于这位企业家的期望很高，对他的公司也寄予了厚望。但是，当公司被曝光存在环境污染等问题时，公众感到非常失望和愤怒。这种情绪感染会导致舆情偏向极端，对企业家和公司的形象产生负面影响。

处理方式：政府和媒体应该及时发布权威信息，对该事件进行全面报道和分析。可以邀请环保专家和行业内的专业人士进行解读和建议，让公众了解该事件的具体情况和产生的原因。此外，可以组织多元化的讨论和辩论，鼓励公众尊重不同的观点和意见，并引导他们进行全面思考和客观判断。

社会从众压力的增大：在舆情事件中，许多人会受到社会从众压力的影响，跟随大多数人的观点，即使他们并不完全认同这种观点。这种从众行为会导致群体极化现象的加剧。

处理方式：政府和媒体应该鼓励公众进行独立思考和判断，不盲目从众。可以通过提供多个角度和观点的信息，让公众了解该事件的全面情况。此外，可以搭建一个开放、平等的交流平台，让公众能够自由地表达自己的观点和意见。通过这些措施，可以减轻社会从众压力的影响，促进公众进行理性思考和客观判断。

总之，在处理乌合之众效应带来的影响时，政府、媒体和公众应该共同努力。政府应该及时发布权威信息并引导公众进行理性思考；媒体应该提供多元信息并平衡不同观点的报道；公众应该提高心理素质和自我调节能力，不盲目从众或被情绪左右。这些措施，可以有效地缓解乌合之众效应带来的负面影响，促进社会的和谐与稳定。

（三）集体无意识

集体无意识是指，在群体情境中，个体往往会受到群体心理的影响，从而在不知不觉中表现出与群体一致的行为和态度。这种现象在心理学中被视为群体心理的一种表现形式。集体无意识对舆情的影响主要体现在以下几个方面：

群体行为的盲目性：在集体无意识状态下，个体往往会被群体情绪和行为感染，从而失去自我意识，跟随群体的决策和行为。在这种情况下，个体往往缺乏独立思考和理性判断能力，导致群体行为具有盲目性和冲动性。

群体极化的加剧：集体无意识会加剧群体极化现象。在群体中，个体的观点和行为容易受到同伴的影响，使得群体的决策和行为更加极端。当群体陷入集体无意识状态时，个体的思维和行为会更加偏执和极端，导致舆情事件进一步恶化。

谣言和误传的扩散：在集体无意识状态下，个体往往容易受到谣言和误传的影响。一些不实信息和错误观点容易在群体中传播，导致公众对事件产生误解和偏见。在这种情况下，辟谣和真相的传播往往较为困难，因为个体缺乏独立思考和判断能力。

忽略个体差异：在集体无意识状态下，个体往往容易被群体同化，忽略了个体差异和多样性。这会导致舆情事件的处理缺乏针对性和差异化，无法满足不同人群的需求和期望。

现举例说明处理集体无意识还需要考虑哪些方面：

例

近期，一位知名明星在社交媒体上公开抱怨某品牌产品的质量问题，引发了公众的广泛关注和讨论。

在这个事件中，心理学现象对舆情的影响和处理集体无意识的方式可以体现在以下几个方面：

群体行为的盲目性：由于这位明星拥有大量粉丝，她的抱怨引发了公众对该品牌产品质量的关注。许多人在社交媒体上表达了愤怒和失望的情绪，这些情绪相互感染，导致群体行为具有盲目性和冲动性。一些人开始对产品质量进行质疑和猜测，甚至对相关责任方进行恶意攻击和诽谤。

处理方式：品牌方和媒体应该及时发布权威信息，对该事件进行全面报道和分析。可以邀请行业专家和消费者代表进行解读和建议，让公众了解该事件的具体情况和产生的原因。此外，可以组织多元化的讨论和辩论，鼓励公众尊重不同的观点和意见，并引导他们进行全面思考和客观判断。

群体极化的加剧：由于集体无意识现象的作用，公众容易受到明星效应的影响，将个人观点扩大化。一些人可能会将责任完全归咎于该品牌，而忽略了个体差异和具体情况。这种极端的观点和态度可能导致群体极化现象加剧，使舆情事件进一步恶化。

处理方式：品牌方和媒体应该鼓励公众进行独立思

考和判断，不盲目从众。可以通过提供多个角度和观点的信息，让公众了解该事件的全面情况。此外，可以搭建一个开放、平等的交流平台，让公众能够自由地表达自己的观点和意见。这些措施，可以减轻社会从众压力的影响，促进公众理性思考和客观判断。

谣言和误传的扩散：在集体无意识现象的作用下，一些不实信息和错误观点容易在群体中传播。例如，有人可能会散布关于产品质量问题的虚假消息或指责该品牌故意隐瞒事实真相。这些谣言和误传会导致公众对事件产生误解和偏见，进一步加剧舆情事件的复杂性。

处理方式：品牌方和媒体应该及时辟谣，揭露不实信息和错误观点的真实面目。可以通过发布权威调查结果和证据来还原事实真相，消除公众的疑虑和误解。此外，可以加大对社交媒体等平台的监管力度，及时删除虚假信息和恶意言论，防止它们在群体中扩散。

忽略个体差异：在集体无意识现象的作用下，公众容易忽略个体差异和多样性。例如，一些人可能会将产品质量问题归结为该品牌的整体行为或态度问题，而忽略了每个个体的情况和差异。这种忽略个体差异的做法可能导致舆情事件的处理缺乏针对性和差异化，无法满足不同人群的需求和期望。

处理方式：品牌方和媒体应该关注个体差异和多样性，避免对某个品牌进行整体性评价和指责。可以采取分类指导的方法，针对不同情况制定相应的处理措施和解决方案。此外，可以加强沟通和协商机制，听取不同群体的意见和建议，确保舆情事件得到妥善处理。

（四）社会从众心理

社会从众心理是指在群体情境中，个体往往会受到同伴的行为和态度的影响，从而在不知不觉中表现出与群体一致的行为和态度。这种现象在心理学中被视为群体心理的一种表现形式。

群体行为的趋同性：在群体情境中，个体往往会受到同伴的行为和态度的影响，从而表现出与群体一致的行为和态度。这种趋同性现象会导致舆情事件的扩大化和极端化，使公众的观点和行为更加极端和偏执。

忽略个体差异：社会从众心理容易让个体忽略自己的特点和差异，盲目追求与群体一致的行为和态度。这种忽略个体差异的做法可能导致舆情事件的处理缺乏针对性和差异化，无法满足不同人群的需求和期望。

增强群体极化：社会从众心理会增强群体极化的现象。当公众对于某个事件持有相似的观点和态度时，这种一致性会导致舆情事件的激化和加剧。这种群体极化现象可能会导致公众失去理性和客观判断能力，从而引发不良后果。

谣言和误传的扩散：在社会从众心理的作用下，一些不实信息和错误观点容易在群体中传播。个体往往会受到同伴的影响，盲目相信和传播不实信息。这种谣言和误传的扩散会导致公众对事件产生误解和偏见，进一步加剧舆情事件的复杂性。

处理社会从众心理对舆情的影响需要政府、媒体和公众共同努力。例如，政府可以搭建一个开放、平等的交流平台，鼓励公众进行独立思考和判断，并引导他们进行全面思考和客观判断。现举例说明处理社会从众心理需要考虑哪些方面：

假设在一个城市，一起交通事故引起了一阵舆情风波。

例

在事故中，一辆执勤的警车与一辆私家车相撞，导致私家车上的乘客受伤。由于涉及公权力与普通民众的关系，这起事故引起了广泛的社会关注和讨论。

在这个案例中，社会从众心理对舆情的影响和处理方式可以体现在以下几个方面：

群体行为的趋同性：事故发生后，社交媒体上出现了大量的讨论和关注。许多人开始指责警车的驾驶员不遵守交通规则，认为这是导致事故的主要原因。这种指责的声音在社交媒体上迅速传播，导致群体行为的趋同性现象明显。

处理方式：政府和媒体应该及时发布权威信息，还原事故的真实情况。可以通过公开监控录像、当事人的陈述等手段，提供客观、全面的信息。同时，可以邀请交通专家对事故进行深入分析，让公众了解事故的具体情况和产生的原因。这些措施，可以引导公众进行理性思考和客观判断。

忽略个体差异：由于社会从众心理的作用，公众容易忽略个体差异和具体情况。在事故中，私家车上的乘客受伤是事实，但有些人可能会将责任归咎于警车驾驶员的个人行为。这种忽略个体差异的做法可能导致舆情事件的处理缺乏针对性和差异化，无法满足不同人群的需求和期望。

处理方式：政府和媒体应该关注个体差异和具体情况，避免对某个群体进行整体性评价和指责。可以采取分类指导的方法，针对不同情况制订相应的处理措施和解决方案。例如，对于警车驾驶员的行为进行专业评估，对于其是否存在违规行为进行公正判断。同时，对于私家车上的乘客的伤情进行及时关注和救助，体现人道主义精神。这些措施，可以促进社会的和谐与稳定。

（五）群体思维与集体决策陷阱

群体思维和集体决策陷阱是心理学现象对舆情影响中的两个重要方面。

群体思维是指在一个群体决策过程中，由于群体成员的相互作用和影响，导致群体在决策时倾向于一致化、极端化和忽略重要信息的思维方式。在舆情事件中，群体思维可能会导致公众对事件产生片面和极端的看法，忽略事件的真实情况和细节，从而影响舆情的正确引导和处理。

集体决策陷阱则是指在群体决策过程中，由于群体成员的相互作用和影响，导致群体在决策时出现偏差和错误的思维方式。在舆情事件中，集体决策陷阱可能会导致公众对事件产生错误的判断和决策，如盲目跟风、传谣信谣等行为。现举例说明处理群体思维与集体决策陷阱还需要考虑哪些方面：

例

假设在一个城市，一起社会事件引发了公众的广泛关注和争议。在事件中，一名警察在街头执法时与一名市民发生冲突，导致市民受伤。该事件被拍摄下来并上传到社交媒体上，迅速引发了公众的热议和关注。

在这个案例中，群体思维和集体决策陷阱对舆情的影响和处理方式可以体现在以下几个方面：

群体思维的作用：在社交媒体上，公众对事件进行了广泛的讨论和评论。一些人指责警察过度使用暴力，认为这是导致市民受伤的原因。而另一些人则认为市民的行为不当，导致了冲突的发生。这种不同的观点在社交媒体上迅速传播，导致群体思维的分化现象明显。

处理方式：政府和媒体应该及时发布权威信息，还原事件的真相和细节。可以通过公开现场监控录像、调查报告等手段，提供客观、全面的信息。同时，可以邀请相关领域的专家对事件进行深入分析，从不同角度解读事件的原因和影响。这些措施，可以引导公众进行理性思考和客观判断。

集体决策陷阱的作用：由于群体思维的作用，公众容易忽略个体差异和具体情况。在事件中，市民受伤是事实，但有些人可能会将责任完全归咎于警察的个人行为。这种忽略个体差异的做法可能导致舆情事件的处理缺乏针对性和差异化,无法满足不同人群的需求和期望。

处理方式:政府和媒体应该关注个体差异和具体情况,避免对某个群体进行整体性评价和指责。可以采取分类指导的方法,针对不同情况制订相应的处理措施和解决方案。例如,对于警察的行为进行专业评估,对于其是否存在过度使用暴力进行公正判断。同时,对于市民的伤情进行及时关注和救助,体现人道主义精神。这些措施,可以促进社会的和谐与稳定。

同时,政府可以引入第三方评估机构对事件进行评估和分析,提供专业化的建议和意见,避免因为集体决策陷阱而产生错误的判断和决策。此外,政府和媒体还可以通过宣传和教育手段,提高公众的媒介素养和思考能力,引导公众在面对舆情事件时进行独立思考和理性判断。这可以帮助公众更好地理解和分析事件,避免被群体思维和集体决策陷阱所影响。

(六)群体盲思与独立思考丧失

群体盲思与独立思考丧失是心理学中常见的现象,它们在舆情事件中也有着显著的影响。

群体盲思是指在群体决策过程中,由于群体成员之间的相互作用和影响,导致群体在决策时倾向于盲目跟从、缺乏独立思考的现象。这种现象通常表现为群体成员对某种观点或决策的过度认同和追求一致性,而忽略了其他可能的观点和信息,从而影响了决策的质量和准确性。

　　独立思考丧失则是指个体在面对舆情事件时，由于受到外部环境和心理因素的影响，无法进行理性思考和独立判断的能力。这种现象通常表现为个体在面对事件时容易被情绪左右、盲目跟从或受到他人意见的影响，而无法独立思考和理性判断。

　　在舆情事件中，群体盲思和独立思考丧失可能会影响公众对事件的判断和决策。例如，当一起交通事故引发社会关注时，由于群体盲思的作用，公众可能会盲目跟从某些媒体的报道，而忽略其他媒体或专业人士的不同意见和信息。这种片面和极端的观点可能会进一步加剧社会矛盾和不满情绪，不利于舆情的妥善处理。同时，独立思考丧失也可能会导致公众对事件产生错误的判断和决策。现举例说明处理群体盲思和独立思考丧失需要考虑哪些方面：

例

　　假设在一个城市，一起政治事件引发了公众的关注和争议。在事件中，一名政治人物在公开场合发表了一些争议性言论，引发了公众的强烈反应和讨论。

　　在这个案例中，群体盲思和独立思考丧失对舆情的影响和处理方式体现在以下几个方面：

　　群体盲思的作用：在社交媒体上，公众对政治事件的反应非常迅速和激烈。一些人可能会盲目跟从某些媒体或政治派别的观点，认为政治人物的言论是错误和不合适的；而另一些人则可能会因为对政治人物的支持而忽略其言论的争议性。这种群体盲思可能导致公众对事件产生片面和极端的看法，无法全面客观地看待问题。

处理方式：政府和媒体应该及时发布权威信息，提供全面、客观的信息，帮助公众了解政治事件的真相和全貌。可以邀请政治学专家或独立评论员对政治人物的言论进行深入解读和分析，引导公众进行理性思考和客观判断。同时，政府可以积极开展公共关系工作，与公众进行沟通和解释，缓解紧张情绪和误解。

独立思考丧失的作用：在政治事件中，公众可能因为对政治人物的喜好或对某些政治派别的支持而无法进行独立思考和理性判断。一些人可能会因为情绪的影响或受到他人意见的影响而过度反应或偏激看待事件；另一些人则可能会因为对政治人物的信任而忽略其言论的不当性。

处理方式：公众应该保持冷静和理性，避免情绪化的判断和决策。同时，可以积极获取多方面的信息和观点，进行独立思考和分析。对于不同的观点和意见，可以进行比较和评估，以形成自己的独立判断。此外，政府也可以通过宣传和教育手段，提高公众的媒介素养和思考能力，引导公众在面对舆情事件时进行独立思考和理性判断。

二、刻板印象与标签化

（一）刻板印象

心理学现象对舆情影响中的刻板印象是指人们对某一类人或事物产生的比较固定、概括而笼统的看法，并以此作为判断和评价该类人或事物的依据。在舆情事件中，刻板印象可能会加深人们对某些群体或个人的误解和偏见，从而影响舆情的公正性和准确性。

在某些地区，人们可能会对特定职业群体产生刻板印象，认为从事某一职业的人群都具有相同的性格、行为特征或价值观。当发生与该职业相关的舆情事件时，公众可能会因为刻板印象的影响而对该职业群体产生过度质疑或指责，忽略个体差异和具体情况。

此外，刻板印象还可能加深人们对不同地域、不同族群之间的误解和偏见。例如，某些地区的人可能会对其他地区的人产生刻板印象，认为他们都具有相同的文化背景、行为习惯或性格特点。这种刻板印象可能会导致公众在面对不同地域或族群的舆情事件时产生不公正的判断和决策。为了应对刻板印象对舆情的影响，现举例说明可以采取以下措施：

> **例**
>
> 假设发生了一起涉及医疗行业的舆情事件。在事件中，一名医生因治疗患者的方案受到质疑而被公众广泛关注和争议。一些人认为医生的治疗方案不当，导致患

者出现了不良反应；而另一些人则认为医生的方案是正确的，但患者的病情出现了意外变化。

在这个案例中，刻板印象对舆情的影响和处理方式体现在以下几个方面：

刻板印象的作用：由于公众对医疗行业的刻板印象，如认为医生都是严谨负责的，可能会影响公众对事件中医生的评价和判断。一些人可能会因为刻板印象的影响而过度质疑医生的职业道德和技术水平，忽略个体差异和具体情况。

处理方式：政府和媒体应该及时发布权威信息，提供全面、客观的信息，帮助公众了解事件的真相和全貌。可以邀请医疗专家或独立评论员对事件进行深入解读和分析，引导公众进行理性思考和客观判断。同时，政府可以积极开展公共关系工作，与公众进行沟通和解释，缓解紧张情绪和误解。此外，政府还可以加强对医疗行业的监管和管理，提高医生的职业素养和技术水平，减少类似事件的再次发生。

独立思考丧失的作用：在舆情事件中，公众可能因为受到刻板印象的影响而无法进行独立思考和理性判断。一些人可能会因为情绪的影响或受到他人意见的影响而过度反应或偏激看待事件；另一些人则可能会因为对医生的信任而忽略其治疗方案可能存在的问题。

处理方式：公众应该保持冷静和理性，避免情绪化的判断和决策。同时，可以积极获取多方面的信息和观点，进行独立思考和分析。对于不同的观点和意见，可以进行比较和评估，以形成自己的独立判断。此外，政府也可以通过宣传和教育手段，提高公众的媒介素养和思考能力，引导公众在面对舆情事件时进行独立思考和理性判断。

（二）标签效应

在舆情处置中，群体心理中的标签效应是一种值得关注的现象。当某个事件或话题引发公众关注和讨论时，人们往往会根据以往的经验和认知给事件或话题贴上某种标签。这种标签化的方式可以简化人们对事件或话题的认识，但同时也可能引发偏见和误解。

标签效应在舆情处置中的影响主要体现在以下几个方面：

强化刻板印象：标签效应容易使人们对事件或话题产生先入为主的印象，从而忽略个体差异和实际情况。例如，当某个地方发生负面事件时，人们可能会立即将该地方贴上"问题地区"的标签，而忽视具体事件和背景的独特性。

情绪化反应：标签效应容易引发公众的情绪化反应，使人们过度关注事件的某个方面而忽略其他方面。例如，在某个事件中，如果涉及官员的贪污问题，人们可能会对所有官员都持有怀疑的态度，而忽视其他可能的因素。

过度泛化：标签效应容易将个别的、特定的情况概括为普遍的、整体的现象，进而给整个群体或地区贴上标签。例如，因为某个企业的员工出现了问题，就以此为依据认为该企业的所有员工都有问题。

现在，我们以"娱乐圈某男艺人事件"为例，来说明如何在舆情处置中应对标签效应。

例

在"娱乐圈某男艺人事件"中，该男艺人被前女友爆料出多项丑闻。这一事件引发了广泛的社会关注和热议，该男艺人也被贴上了"渣男""不道德艺人"等标签。

首先，需要理性分析问题：对于该男艺人，需要了解事件的真相和背景，包括该男艺人的具体行为、前女友的爆料内容、相关证据等。不能仅仅根据前女友的爆料和媒体报道就对该男艺人进行标签化的评价，需要等待更多的信息和证据来还原事件的真相。

其次，避免过度标签化：在评价事件时，不能将该男艺人简单地归结为"渣男""不道德艺人"等，需要对其具体行为进行客观评价。同时，也需要避免将该事件泛化为所有艺人的问题，不能因为该男艺人一个人的问题而否定整个艺人群体。

再次，加强舆论引导：媒休是传递信息和引导舆论的重要力量之一。政府应监督媒体在报道时遵循客观、真实的原则，避免过度渲染或歪曲事实。

最后，可以强化正面标签：在舆情处置中，可以积极宣传正面形象和价值观，如强调艺人的道德责任和社会担当等方面。通过树立正面榜样和宣传正面形象，可以引导公众对艺人群体形成积极的评价，减少负面标签的影响。

总之，在该男艺人事件中，我们需要理性分析问题、避免过度标签化、加强舆论引导、强化正面标签等措施来应对标签效应。这样可以有效减少标签效应的负面影响，促进舆情的理性处置和社会和谐稳定。

（三）群体标签化

群体标签化是指将某个群体或个体简单地归结为某种特征或标签，而忽视该群体或个体的多样性和差异性。这种做法常常基于人们对该群体的刻板印象和偏见，缺乏客观性和公正性。

群体标签化主要源于社会阶层固化和缺乏社会交流。由于传统社会阶层的存在，不同群体之间的交流和互动受到限制，导致人们对其他群体的了解和认知往往基于过去的经验和刻板印象。此外，社会传播的局限性也使人们对某些群体的标签化更加普遍。

歧视和偏见：标签化使人们对某个群体的成员产生歧视和偏见，认为他们都具有相同的特征和行为，从而在就业、教育、医疗等各个领域对他们进行不公平的对待。

社会隔阂：标签化加剧了不同群体之间的隔阂和误解，使得社会难以形成包容和多元的文化氛围。

身份认同问题：被标签化的群体往往面临身份认同的问题，他们可能被剥夺了展示自己多样性和差异性的机会，被迫附和外界对他们设定的特征和期望。

总之，解决群体标签化心理现象需要采取多种措施，包括深入了解事件背景和真相、保持客观公正的态度、引导公众理性看待事件、消除刻板印象和偏见以及强化正面标签的作用等。这些措施可以帮助我们更好地应对舆情事件，促进社会的和谐稳定和发展。

现举例说明群体标签化对舆情处置的影响：

在某个城市，疫情爆发后，政府采取了严格的隔离措施和社区管控。这些措施对控制疫情起到了积极的作用，但也引发了一些公众的不满和抱怨。其中，一些人将政府和医护人员贴上"不负责任的政府"和"失职的医护人员"的标签，指责他们没有及时采取措施控制疫情，导致疫情失控。

这种群体标签化的影响非常严重，会导致舆情的不稳定和不公正。首先，标签化会导致公众对政府和医护人员的信任度下降，甚至产生仇视情绪。这种情绪会影响公众对疫情的认知和评价，阻碍政府和医护人员采取有效的措施控制疫情。其次，标签化会导致公众对疫情的关注点偏离了实际问题本身，而过度关注政府和医护人员的失误或不足。这种关注点的偏离会阻碍公众对疫情的全面了解和理性分析，导致舆情的不稳定和不公正。

为了应对这种群体标签化的影响，政府和媒体需要采取以下措施：

及时公开信息：政府需要及时公开疫情的相关信息和处理措施，让公众了解政府的努力和成果。这样可以减少公众的误解和不满情绪，避免标签效应的产生。

理性分析问题：媒体和公众需要理性分析疫情的问题和根源，认识到政府和医护人员都有可能出现失误或不足。要关注实际问题本身，探讨如何采取有效的措施控制疫情，而不是过度关注标签化现象。

避免过度标签化：政府、媒体和公众需要避免将政府和医护人员简单地贴上"不负责任的政府"和"失职的医护人员"的标签。要尊重政府和医护人员的职业素养和能力，不要因为一些人的失误就否定他们的全部工作。

加强舆论引导：政府需要通过权威渠道发布信息、组织专家解读等方式，引导公众理性看待疫情和政府的工作。媒体也需要发挥积极作用，提供客观、全面的报道和解释，帮助公众更好地理解疫情和政府的努力。

强化正面标签的作用：政府可以积极宣传正面形象和价值观，如强调医护人员在抗疫中的英勇行为和贡献等。政府通过树立正面榜样和传递正面价值观等方式，引导公众对医护人员形成积极的评价。

在上述例子中，政府需要采取多种措施应对群体标签化对舆情的影响。通过及时公开信息、理性分析问题、避免过度标签化、加强舆论引导以及强化正面标签的作用等措施，可以让公众更加全面地了解疫情的情况和政府的努力，增强对医护人员的信任和支持。同时，也有助于推动政府加强管理和改进工作，提高疫情防控的能力和水平。

（四）刻板印象威胁与自我认同危机

刻板印象威胁（stereotype threat）与自我认同危机（identity threat）是两个不同的概念，但它们之间存在一定的联系。

刻板印象威胁是指人们受到刻板印象的威胁，即因为符合某种刻板印象而感到威胁或不安。例如，如果一个人被认为是某个群体的成员，而该群体又被认为是某种特定性格或行为的代表，那么这个人就可能会感到自己被刻板印象限制，从而产生威胁感。刻板印象威胁可能会导致人们在某些情况下表现出与刻板印象不一致的行为，以避免被归入该群体。

自我认同危机是指个人对于自己的身份认同感到不确定或困惑，不知道自己是谁，或者不知道自己属于哪个群体。这种危机可能导致人们对于自己的行为和决策感到迷惘，或者感到无法掌控自己的生活。自我认同危机可能与个人的价值观、信仰、家庭背景、社会环境等因素有关。

刻板印象威胁与自我认同危机之间存在一定的联系。当一个人受到刻板印象威胁时，可能会感到自己的身份认同受到影响，从而产生自我认同危机。自我认同危机也可能导致人们更容易受到刻板印象的影响，因为他们对自我身份的认知可能不清晰，更容易被归入某个群体。

在舆情处置中如何缓解刻板印象威胁和自我认同危机，现举例说明如下：

例

在某城市，有一家著名的餐厅因为食品安全问题被媒体曝光。该餐厅一直以来以其高品质的菜品和良好的服务态度赢得了顾客的青睐，但在这次事件中，由于被发现使用了不新鲜的食材，引起了公众的广泛关注和批评。在这个例子中，舆情处置的关键是如何避免刻板印象威胁与自我认同危机。

首先，餐厅方面需要及时公开信息，向公众说明事件的真实情况，并采取措施解决问题。这可以减少公众的误解和不满情绪，避免标签效应的产生。

其次，餐厅方面需要通过多种渠道与公众进行沟通，解释自己的失误和不足，并表达对顾客的关注和道歉。这可以帮助公众更好地理解餐厅的立场和态度，减少误解和不满情绪，同时也可以增强公众对餐厅的信任和支持。

再次，餐厅方面需要采取措施纠正错误，保证食品安全和质量。这可以减少未来再次发生类似问题的可能性，同时也可以增强公众对餐厅的信任和支持。

最后，媒体和公众也需要理性看待问题，不要过度关注餐厅的失误和不足，而是要看到其在解决问题和提高质量方面的努力和成果。这可以帮助公众更好地理解问题本质，减少舆情的不稳定和不公正。

在上述例子中，通过及时公开信息、加强沟通与解释、采取措施纠正错误、媒体和公众理性看待问题等措施，可以避免刻板印象威胁与自我认同危机，让公众更加全面地了解问题本质，增强对餐厅的信任和支持。同时，也有助于推动餐厅加强管理和改进工作，提高服务质量和水平。

（五）标签效应与刻板印象强化

标签效应和刻板印象强化是两个相互关联的概念。标签效应是指人们根据个体的特征或行为，将其归入特定的群体或类别，并给予相应的刻板印象或偏见。这种标签化的过程往往基于对群体的概括和推断，而不是基于对个体的全面了解和个体差异的考虑。

刻板印象强化是指通过标签效应的方式，将刻板印象或偏见进一步强化和巩固。一旦个体被归入某个群体或类别，并被赋予相应的刻板印象或偏见，这种先入为主的观念很容易在人们心中得到强化和固化。这种强化和固化过程往往是通过社会认同和自我确认的方式实现的。

标签效应和刻板印象强化之间的关系，在于标签效应可以导致刻板印象的强化。当个体被贴上某种标签时，他们往往会受到相应群体或类别的刻板印象的影响。这种影响可能来自社会环境、媒体报道、个人认知等方面。如果这种标签与刻板印象相符合，个体可能会受到歧视或偏见的影响；如果不符合，个体可能会感受到身份认同的威胁或自我认同危机。

总之，标签效应和刻板印象强化是相互关联的概念，它们之间的关系在于标签效应可以导致刻板印象的强化。为了减少这种负面影响，我们需要采取相应的措施来增强多元文化意识、培养批判性思维、增强自我认同和自尊等方面。现举例说明如下：

例

一名外国游客在厦门大学门口拍照，遭到了一名中国女性的不满和指责。这名女性认为这名外国游客拍照侵犯了她的肖像权，因此要求游客删除照片并道歉。游客解释说，他是在拍摄校门建筑，并没有针对任何人。但是，这名女性不接受解释，并继续指责和骚扰游客。

这个事件引起了广泛的社会关注和讨论。一些人认为，这名女性的行为是不恰当的，因为她没有确凿证据证明游客侵犯了她的肖像权。此外，一些人还指出，这种对待外国游客的方式可能会对中国的国际形象造成负面影响。

在这个案例中，舆情处置的关键是如何应对标签效应与刻板印象强化。

首先，对于这个事件，应该避免将这名女性简单地贴上"中国人"或"外国人"的标签，而是要看到她作为一个个体的权利和尊严。同时，公众也应该避免将外国游客和中国公民这两个群体简单地归结为刻板印象，而是要看到每个个体的差异和特点。

其次，对于事件的处置，应该采取公正、透明、负责任的态度。相关方面应该及时公开信息，向公众说明事件的真实情况，并采取措施解决问题。同时，媒体也应该发挥积极作用，提供客观、全面的报道和解释，帮助公众更好地理解问题本质。这些措施可以减少公众的误解和不满情绪，避免标签效应的产生和刻板印象的强化。

最后，对于如何预防和控制类似事件的发生，应该采取综合措施。政府和社会应该加强宣传和教育，提高公众对外国友人的尊重和理解。政府也要进一步完善涉及外国友人的法律法规，明确外国人在中国境内的权利和义务，以及违法行为的法律后果；并且加强执法力度，加强对外国友人的执法力度，对违法犯罪行为进行严厉打击，维护社会公共秩序和安全。同时，政府也可以加强对涉及外国友人的案件的审查和监督，确保案件的公正处理。采取多种措施来对外国友人进行法律监督。这些措施不仅可以维护社会公共秩序和安全，也可以保障外国友人的合法权益，促进中外友好关系的发展。

通过避免简单的标签化和刻板印象强化、公正透明地处置问题、加强宣传和教育等措施，可以应对舆情处置中标签效应与刻板印象强化的问题。这些措施可以让公众更加全面地了解问题本质，增强对政府和相关方面的信任和支持。同时，也有助于推动中外友好关系的发展。

三、情绪感染与情绪放大

（一）情绪传染

情绪传染是一种复杂的心理现象，它涉及多种心理和生理机制。这种现象通常是在一个群体中发生的，其中一个人的情绪状态会影响到其他人的情绪状态。

在情绪传染的过程中，非言语行为起到了关键作用。例如，当一个人表现出快乐的表情时，周围的人往往会被感染到这种快乐情绪。同样地，当一个人感到愤怒或悲伤时，他的情绪也会传递给周围的人。这种情绪传递是通过面部表情、肢体动作、声音和姿势等非言语方式实现的。

除了非言语行为外，镜像神经元系统和同理心也对情绪传染产生影响。镜像神经元系统是人类大脑的一部分，它在我们观察和模仿他人行为时起作用。当一个人表现出某种情绪时，周围的人可能会无意识地模仿这种情绪，从而产生相应的情绪反应。同理心则是指我们能够感受到他人情绪的能力，它有助于我们理解和回应他人的情绪状态。

在临床领域，情绪传染有时会被视为一种癔症的表现形式，这种情况通常发生在生活在一起的群体中，如学校或工厂。当一个人癔症发作时，周围的人可能会因为感受到这种发作场景而相继出现类似的症状。治疗这种情绪传染的方法包括暗示、抗焦虑药物、抗抑郁药物或抗精神病药物等。

总的来说，情绪传染这种现象在我们的日常生活中很常见，了解其原理有助于我们更好地应对和管理自己的情绪。现举例说明如下：

例

某大型电商平台因售后服务问题引发了消费者不满。面对这一舆情，该公司迅速采取了以下措施：

第一，及时回应。 当消费者开始对售后服务问题表示不满时，该大型电商平台立即设立了专门的应急响应小组，负责快速回应和处理消费者的投诉。他们确保每一条投诉都能得到及时的回应，并为消费者提供初步的解决方案或安抚。

第二，公开道歉。 公司高层在公开场合对消费者表示歉意，承认公司在售后服务方面的疏忽，并承诺将立即采取措施进行改进。这种公开道歉不仅向消费者展示了公司的诚意，还表明了公司对问题的重视和决心。

第三，加强售后服务团队的建设。

培训：为售后服务团队提供定期的培训课程，确保他们了解最新的产品知识和服务技巧。

激励：设立奖励机制，对在售后服务中表现优秀的员工给予奖励，以提高整个团队的积极性和服务质量。

监督：建立监督机制，定期对售后服务团队的工作进行检查和评估，确保他们始终保持高标准的服务质量。

第四，提高服务质量和效率。 行全面梳理，去除冗余环节，提高服务响应速度。

增设渠道：除了传统的电话渠道外，增设在线客服、社交媒体等多元化的服务渠道，以满足不同消费者的需求。

快速响应：设立24/7的客服热线，确保消费者在任何时间都能得到及时的帮助。

第五，加强与消费者的沟通和解释工作。

定期反馈：定期向消费者反馈售后服务改进的进展，让消费者知道公司正在积极努力解决问题。

透明化：对售后服务中的复杂问题或争议进行透明化处理，为消费者提供详细的解释和说明，以消除疑虑。

互动社区：建立互动社区或论坛，鼓励消费者之间分享经验、解决问题，同时也为公司提供了一个直接与消费者沟通的平台。

通过这些具体的措施，该大型电商平台成功地避免了情绪的传染，并逐渐恢复了消费者的信任。这不仅有助于维护公司的形象和声誉，还为其长期的业务发展奠定了坚实的基础。

（二）情绪放大

心理现象中的情绪放大是指个体在面对某种情境或刺激时，情绪反应超出正常范围，被放大或夸大。这种现象通常表现为过度关注、过度反应或过度解读情境中的细节，导致情绪体验更加强烈或持久。

情绪放大可能由多种因素引起，包括但不限于以下方面：

心理压力：当个体面临压力时，如工作压力、家庭问题、人际关系等，情绪容易受到影响，容易放大负面情绪。

社交媒体的影响：社交媒体上的言论和观点可能对个体的情绪产生影响，特别是当个体看到他人的成功或幸福时，容易产生羡慕和嫉妒等情绪，进而放大自己的情绪。

生理因素：某些生理因素，如缺乏睡眠、饮食不良、药物或酒精滥用等，可能对情绪产生影响，导致情绪放大。

心理因素：个体的心理状态、性格特点、认知方式等也可能影响情绪的放大。例如，过高的自尊心、自我中心思想、对他人评价的过度关注等都可能导致情绪放大。

在舆情处置的过程中为了减少情绪放大，可以采取以下措施，现举例说明：

例

某大型互联网公司近期因为一项新功能的推出引发了用户的不满和投诉。许多用户认为新功能的设计不够人性化，使用起来非常不便，而且存在一些bug（程序错误）。面对这一舆情，该互联网公司迅速采取了以下措施：

保持冷静和理性：公司高层在第一时间组织了紧急会议，对舆情进行了全面分析。他们没有被情绪左右，而是冷静地评估了问题的严重性和影响范围。

及时回应和沟通：公司通过官方渠道迅速回应了用户的投诉，承认了新功能存在的问题，并向所有受影响的用户表示歉意。公司承诺将立即采取措施进行改进，并建立了专门的客服团队，为用户提供详细的解答和解决方案。

积极应对和解决：公司组织了一支技术团队，对用户反馈的问题进行了深入调查和分析。他们迅速修复了bug，并对新功能进行了优化。同时，他们还加强了与用户的沟通和解释工作，及时向用户反馈改进的进展和成果。

引导舆论和传播正能量：公司通过社交媒体、官方网站等渠道积极宣传正面信息，向用户传递公司的价值观和服务理念。他们强调公司对用户的关注和重视，并展示了公司在提高产品质量方面的努力和成果。

建立良好的舆情应对机制：公司建立了完善的舆情应对机制，包括监测、预警、处置、反馈等环节。公司定期对舆情进行分析和评估，及时发现和处理潜在的问题。同时，公司还加强了与媒体、公众的沟通和合作，形成良好的舆论氛围。

通过以上措施的实施，该互联网公司成功避免了情绪放大，稳定了公众情绪，维护了公司的形象和声誉。同时，他们也通过提高产品质量和服务质量，提高了用户的满意度和忠诚度。这一实例展示了在舆情处置中如何避免情绪放大，以及积极应对和解决相关问题的重要性。

（三）共情与同理心

共情是指能够理解并体验到他人的情感和情绪。当我们共情时，我们能够站在他人的角度去理解和感受他们的情感，而不是仅仅从自己的角度出发。共情是一种对他人的情感体验的感知和理解，它可以帮助我们更好地理解他人的需求和感受，从而更好地与他人建立联系。

同理心则是一种对他人的情境和处境的理解和共鸣。当我们具有同理心时，我们能够站在他人的立场上，体验到他们的处境和情境，理解他们的困难和挑战。同理心可以帮助我们更好地理解他人的需求和期望，从而更好地提供支持和帮助。

共情与同理心是建立良好人际关系的重要因素，它们可以帮助我们更好地理解他人、关心他人、支持他人。在运用共情与同理心时，要注意尊重他人、倾听他人、避免判断、保持开放心态、适度表达等方面，以建立良好的人际关系。在舆情处置中如何处理共情与同理心，现举例说明如下：

例

某大型社交媒体平台因为一起用户隐私泄露事件引发了公众的广泛关注和质疑。许多用户表示，他们的个人信息被泄露，感到非常担忧和愤怒。

面对这一舆情，该社交媒体平台的舆情处置团队采取了以下措施：

共情： 舆情处置团队尝试站在用户的角度去理解和感受他们的情感和情绪。他们认识到，用户因为个人信息被泄露而感到担忧、愤怒和失望。他们理解用户的需求是保护个人隐私，并追究相关责任。

同理心：舆情处置团队尝试理解用户的处境和情境。他们了解到，用户在使用社交媒体平台时是信任该平台的隐私保护措施的，但实际发生的信息泄露事件却打破了这种信任。他们理解用户的期望是得到及时、有效的解决方案，并追究相关责任。

在避免共情与同理心方面，该社交媒体平台的舆情处置团队需要做到以下几点：

保持冷静：在面对舆情时，团队成员需要保持冷静和理性，不被情绪左右。他们需要客观地评估问题的严重性和影响范围，以便更好地应对舆情。

倾听与理解：团队成员需要积极倾听用户的投诉和关切，并尝试理解他们的需求和期望。他们需要耐心地听取用户的意见和建议，以便更好地了解问题的本质和根源。

客观评估与反馈：团队成员需要对用户的投诉进行客观的评估，并给予及时的反馈。他们需要明确告知用户问题的原因和解决方案，以及改进的措施和时间表。同时，他们也需要接受用户的监督和评价，以便更好地提高产品质量和服务质量。

通过以上措施的实施，该社交媒体平台的舆情处置团队成功避免了共情与同理心的负面影响，稳定了公众情绪，维护了公司的形象和声誉。同时，他们也通过提高产品质量和服务质量，提高了用户的满意度和忠诚度。这一实例展示了在舆情处置中如何避免共情与同理心的负面影响，以及积极应对和解决相关问题的重要性。

（四）情绪失控与集体情绪失控

情绪失控是指个体在特定情境下，由于情绪的波动或冲动，无法控制自己的情绪反应，导致情绪表达或行为出现异常。这可能是由于个体心理、生理或社会因素等多种原因引起的。例如，当一个人遇到挫折、冲突或紧张情境时，可能会感到愤怒、焦虑或沮丧，从而无法控制自己的情绪反应。

集体情绪失控则是指一个群体在特定情境下，由于群体内个体之间的相互作用和影响，导致整个群体的情绪反应出现异常。这可能是由群体内部的沟通不畅、信息不对称、群体压力等多种因素引起的。例如，当一个群体面临共同的问题或挑战时，可能会感到恐慌、不安或愤怒，从而无法有效地应对和解决问题。

情绪失控和集体情绪失控在舆情处置过程中可能会产生以下影响：

破坏信任：情绪失控和集体情绪失控可能导致公众对相关机构或个人失去信任。当公众的情绪被激发时，他们可能会对所接收到的信息产生怀疑，甚至产生抵触情绪，这不利于舆情处置的顺利进行。

误导舆论：情绪失控和集体情绪失控可能导致公众对事件的理解出现偏差。在情绪化的状态下，公众可能会忽略事实真相，只关注符合自己情绪的观点，从而误导舆论方向。

加剧冲突：情绪失控和集体情绪失控可能加剧舆情处置过程

中的冲突。当公众的情绪被激发时，他们可能会采取过激的行动，如抵制、抗议等，这不利于舆情处置的稳定进行。

影响形象：情绪失控和集体情绪失控可能对相关机构或个人的形象产生负面影响。在情绪化的状态下，公众可能会对相关机构或个人的行为产生怀疑，甚至对其进行攻击，这不利于相关机构或个人的形象建设。

因此，在舆情处置过程中，需要充分考虑到情绪失控和集体情绪失控的影响，采取有效的措施来控制情绪反应，保持冷静和理性，以促进舆情处置的顺利进行。结合具体案例我们来说明一下如何解决情绪失控和集体情绪失控：

例

某大学食堂发生了一起食品安全事件，多名学生在食堂用餐后出现身体不适症状。这一事件迅速在社交媒体上引发广泛关注和讨论，许多学生和家长表达了对学校食品安全问题的担忧和不满。

第一，**了解情绪失控的原因**。在舆情处置过程中，需要了解学生和家长情绪失控的原因。通过分析社交媒体上的言论和情绪，可以发现学生和家长对学校食品安全问题的担忧主要源于对学校管理的不信任和对自身健康的关注。

第二，**采取有效的应对措施**。针对学生和家长的情绪失控，学校采取了以下措施：

及时发布官方声明，向学生和家长通报事件情况和处理措施，并表示学校将全力以赴保障学生的健康和安全。组织专业团队对事件进行调查，并及时公布调查结果，以消除学生和家长的疑虑。加强食堂管理，采取措施确保食品的卫生和质量，提高食品安全水平。积极与学生和家长沟通，倾听他们的意见和建议，加强与他们的互动，以缓解他们的情绪。

第三，建立良好的沟通机制。 在舆情处置过程中，建立良好的沟通机制是至关重要的。学校通过多种渠道（包括校园网站、社交媒体、电话热线等）与学生和家长进行沟通。同时，还积极回应学生和家长的关切和诉求，及时解答疑问，以增强他们对学校的信任和支持。

第四，提高信息透明度。 在舆情处置过程中，提高信息透明度是缓解集体情绪失控的重要手段。学校及时公开事件的调查结果和处理情况，让学生和家长了解事件的真相和学校的处理措施。同时，还积极回应媒体的采访和报道要求，提供准确、客观的信息，以避免信息不对称和误导舆论的情况发生。

通过以上措施的有效实施，学校成功地解决了情绪失控与集体情绪失控在舆情处置过程中的问题。学生和家长的情绪逐渐稳定下来，也增强了对学校的信任和支持。同时，学校也通过舆情处置工作加强了与学生和家长的互动和沟通，为今后的工作打下了良好的基础。

综上所述，解决情绪失控与集体情绪失控在舆情处置过程中的问题需要采取有效的应对措施、建立良好的沟通机制、提高信息透明度等措施。对于大学食堂安全问题频发的情况，学校需要通过加强食堂管理、提高食品安全水平、及时回应学生和家长的关切和诉求等措施缓解集体情绪失控的问题。

（五）情绪启发式与直觉决策

情绪启发式和直觉决策是两种不同的思维方式，它们在处理信息和做决策时有着不同的特点。

情绪启发式是一种基于情感和直觉的思维方式。它强调情感和直觉在决策中的作用，认为情感和直觉可以快速地帮助我们做出决策，而不需要过多的思考和分析。情绪启发式认为，情感和直觉是人类天生就具备的能力，可以帮助我们在复杂的环境中快速做出反应。

相比之下，直觉决策则是一种基于经验和知识的思维方式。它强调经验和知识在决策中的作用，认为经验和知识可以帮助我们做出更准确、更可靠的决策。直觉决策认为，经验和知识是通过学习和实践积累而来的，可以帮助我们在复杂的环境中做出更明智的决策。

虽然情绪启发式和直觉决策在处理信息和做决策时有着不同的特点，但它们并不是互相排斥的。实际上，它们可以相互补充，共同帮助我们做出更好的决策。例如，在某些情况下，情感和直觉可以帮助我们快速做出反应，而在其他情况下，经验和知识则可以帮助我们做出更准确、更可靠的决策。

在舆情处置过程中，情绪启发式和直觉决策都有其适用的场景，具体取决于事件的性质、公众的情绪状态以及处理者的专业素养。

情绪启发式在某些情况下可能更适合。例如，当事件引发公众强烈情绪反应时，情绪启发式可以帮助处理者快速理解公众的情绪，从而做出更贴近公众情感的回应。这种回应方式可以迅速缓解公众的紧张情绪，防止事态进一步恶化。

然而，在某些情况下，直觉决策可能更为适用。例如，当事件涉及复杂的法律或技术问题时，需要专业的知识进行判断和分析。此时，直觉决策可能不如基于专业知识和经验的理性决策来得准确和可靠。

因此，在舆情处置过程中，应该根据事件的性质和实际情况，灵活运用情绪启发式和直觉决策。同时，处理者还需要不断提高自身的专业素养和应对能力，以便更好地应对各种复杂的舆情事件。现举例说明如下：

例

假设一个社区发生了严重的火灾事故，导致了人员伤亡和财产损失。在这种情况下，公众的情绪可能会非常激动和悲伤，他们对于事故的原因、责任和赔偿等问题都非常关注。

在舆情处置过程中，首先可以通过情绪启发来了解公众的情绪和需求。通过与受害者家属、社区居民等沟通，了解他们的诉求和关切，以便更好地回应他们的期望。

其次，可以运用直觉决策的专业知识和经验，对事故进行深入调查和分析。通过收集现场证据、询问目击者等方式，查明事故的原因和责任，为后续的决策提供依据。

在调查的基础上，可以制定相应的应对措施来应对舆情危机。例如：发布官方声明，向公众通报事故情况和处理措施；加强与受害者家属的沟通，提供必要的支持和帮助；加强社区安全宣传和教育，提高居民的安全意识；等等。

通过情绪启发式和直觉决策的结合应用，可以有效地应对火灾事故引发的舆情危机。了解公众的情绪和需求，可以更好地回应他们的期望；深入调查和分析事故原因和责任，可以制定更科学、更合理的应对措施；加强与受害者家属的沟通、提供必要的支持和帮助以及加强社区安全宣传和教育，可以进一步稳定公众情绪，维护社会稳定。

这个例子说明了在舆情处置中，情绪启发式和直觉决策同样可以相互补充、相互促进。快速了解公众的情绪和需求，可以更好地引导舆论方向；运用专业知识和经验进行深入分析和理性思考，可以制定更科学、更合理的应对措施。同时，也需要不断学习和积累经验，提高自身专业素养和应对能力，以便更好地应对各种复杂的舆情事件。

四、信息过载与选择性关注

（一）信息过载

信息过载是指社会信息超过了个人或系统所能接受、处理或有效利用的范围，并导致故障的状况。这意味着人们面临的信息量超出了他们能够处理和理解的能力，导致他们无法有效地利用这些信息。

信息过载的原因有很多，包括信息量的增加、信息更新速度的加快、信息的质量参差不齐等。在信息时代，人们每天都会接收到大量的信息，包括电子邮件、社交媒体帖子、新闻报道、广告等。这些信息量远远超过了人们能够处理和理解的范围，导致他们感到焦虑、压力和困惑。信息过载在舆情处置过程中可能有以下表现：

大量信息涌入：在舆情处置过程中，可能会面临大量的信息涌入，包括各种媒体报道、社交媒体上的言论、公众反馈等。这些信息可能涉及事件的各个方面，而且信息量巨大，给舆情处置带来一定的挑战。

信息质量参差不齐：由于信息来源广泛，信息质量参差不齐，有些信息可能缺乏可信度，甚至存在误导性。这使舆情处置人员需要花费大量时间和精力去筛选、核实和评估信息，以确保信息的准确性和可靠性。

难以应对的舆论压力：在舆情处置过程中，舆论压力可能会非常大。公众对事件的关注度较高，期望得到及时、公正的处理。如果舆情处置不当，可能会引发公众的不满和质疑，甚至引发更大的舆论危机。

需要快速决策和回应：在舆情处置过程中，往往需要快速决策和回应。因为事件的发展迅速，如果处理不当，可能会造成不良影响。因此，舆情处置人员需要在有限的时间内做出决策，并采取相应的措施来应对舆情。

需要多方协调和沟通：在舆情处置过程中，需要与多方进行协调和沟通，包括媒体、公众、相关部门等。这需要舆情处置人员具备较高的沟通能力和协调能力，以便更好地应对各种复杂的情况和挑战。

舆情处置人员需要具备较高的专业素养和应对能力，以便更好地应对舆情危机。现举例说明如下：

例

某大型工厂因为设备故障引发了一起爆炸事故，导致人员伤亡和财产损失。这一事件迅速引发了公众的关注和质疑，大量媒体和网民对此进行了报道和讨论。舆情处置过程如下：

快速响应：工厂管理层在事故发生后迅速启动应急预案，组织救援行动，并通知相关部门和媒体。他们迅速向公众发布事故简报，通报伤亡情况和救援进展。

信息收集与分析：工厂管理层组织专业团队对事故原因进行调查，收集相关证据和资料。他们与专家学者、行业协会等进行沟通，获取权威意见和建议。

制定应对策略：根据调查结果和专家意见，工厂管理层制定应对策略。他们明确责任归属，制定整改措施，并加强安全管理，防止类似事故再次发生。

发布官方声明：工厂发布官方声明，承认事故的存在，并向受影响的员工、家属和社会公众道歉。声明中明确表达了工厂的态度和立场，承诺采取措施解决问题。

主动与公众沟通：工厂管理层主动与公众进行沟通，通过多种渠道回应公众的关切和诉求。他们积极与员工代表、家属、社区等进行对话，解释事故原因和整改措施。

及时反馈与调整：在应对过程中，工厂管理层密切关注舆情的动态变化，及时调整应对策略。他们与公众保持密切联系，及时反馈处理进展和结果。

通过以上措施，该工厂在舆情处置中成功应对了信息过载。他们积极与公众沟通，及时回应和处理问题，赢得了公众的信任和支持。同时，也避免了负面信息的进一步扩散和传播。这个案例说明了在舆情处置中如何应对信息过载的重要性。通过快速响应、信息收集与分析、制定应对策略、发布官方声明、主动与公众沟通以及及时反馈与调整等措施，可以有效地应对舆情危机，维护企业的形象和声誉。同时，这个案例也强调了舆情处置人员需要具备较高的专业素养和应对能力，以便更好地应对各种复杂的情况和挑战。

（二）选择性关注

选择性关注（selective attention）是认知心理学中的一个概念，是指人们在处理信息时倾向于关注一些特定的信息而忽略其他信息的现象。

选择性关注有两种主要的类型：

特征选择性关注：人们会关注与当前任务或问题相关的特征，而忽略其他不相关的特征。例如，当你在寻找一个特定的颜色或形状时，你可能会忽略其他颜色或形状。

显著选择性关注：人们只会关注显著或突出的信息，而忽略其他不太显著或突出的信息。例如，当你在看一张图片时，你可能会首先注意到图片中的大物体或亮物体，而忽略其他较小的物体或暗物体。

选择性关注是一种认知偏差，它可能会导致人们忽略一些重要的信息，从而影响决策和判断。在舆情处置过程中，选择性关注是一个需要特别注意的问题。选择性关注可能导致对信息的片面理解，从而影响舆情处置的准确性和公正性。现举例说明如下：

例

某大型商场的餐厅近期发生了一起食品安全事件，有顾客在用餐时发现了一只老鼠。这一事件迅速在社交媒体上传播，引发了广泛关注和讨论。

在这个案例中，商场管理层选择性关注了事件的负面影响，忽略了事件的正面影响。他们只关注了顾客的不满和投诉，而没有看到事件背后的积极因素，如顾客对食品安全问题的关注和商场对顾客反馈的重视。为了避免这种选择性关注的负面影响，商场管理层可以采取以下措施：

全面收集信息： 商场管理层应该全面收集与事件相关的信息，包括顾客的投诉、媒体的报道、社交媒体上的讨论等。这样可以从多个角度更全面地了解事件，避免只关注负面信息。

保持客观态度： 商场管理层应该保持客观、中立的态度，不带有个人情感或偏见。避免因为个人立场或偏见而选择性关注某些信息，导致对事件的误判。

综合分析： 商场管理层应该对收集到的信息进行综合分析，包括事件的背景、发展过程、各方观点等。通过综合分析，可以更全面地了解事件的全貌，避免选择性关注导致的信息片面性。

公开透明： 商场管理层应该及时向公众通报事件的进展情况、相关政策和措施。这有助于消除疑虑，增强公众的信任感，避免因选择性关注导致的误解和猜测。

积极解决问题： 商场管理层应该积极解决问题，承担责任，并采取有效的措施来解决食品安全问题。这样可以赢得公众的信任和支持，避免因选择性关注而产生的负面影响。

总之，在舆情处置过程中，商场管理层应该保持客观、中立的态度，全面收集信息、综合分析、公开透明、积极解决问题。

这些措施，可以避免因选择性关注而产生的负面影响，更有效地处理舆情并维护商场的声誉和形象。

（三）认知偏见

认知偏见是指人们在理解和解释信息时，由于主观经验、先入为主的观念、社会文化背景等因素的影响，而产生的思维上的偏差。它是人类思维过程中普遍存在的一种现象。认知偏见可以影响人们对信息的收集、处理和记忆，从而影响人们的决策和判断。在舆情处置过程中，认知偏见的表现包括以下几个方面：

主观偏见：人们往往根据自己的经验、价值观和先入为主的观念来理解和解释信息，导致对某些信息的判断出现偏差。这种主观偏见可能导致舆情处置的决策与实际情况不符。

刻板印象：人们往往对某些群体或事件形成刻板印象，这种印象可能影响人们对信息的判断和解读。例如，当涉及某个特定群体或事件时，人们可能会根据刻板印象来判断其性质和影响，而忽略了实际情况的复杂性。

证实偏见：人们往往倾向于寻找和接受符合自己观点的信息，而忽略或拒绝接受与自己观点不符的信息。这种证实偏见可能导致舆情处置的决策基于片面的信息，从而产生误判。

群体思维：在舆情处置过程中，人们可能会受到群体思维的影响，即倾向于接受大多数人的观点或意见，而忽略少数人的声音。这种群体思维可能导致决策的片面性和局限性。

现举例说明舆情处置过程中如何减少认知偏见：

例

　　某大型企业近期发生了一起员工集体罢工事件，原因是员工对公司的福利待遇和工作条件不满。这一事件迅速在社交媒体上传播，引发了广泛关注和讨论。

　　在舆情处置过程中，公司管理层面临着如何处理这一事件的压力。一开始，公司管理层受到了认知偏见的影响，认为这只是个别员工的情绪发泄，不会对公司运营和发展造成太大影响。因此，他们没有及时采取措施进行沟通和解决。

　　然而，随着事件的发酵和公众的关注度不断提高，公司管理层逐渐意识到问题的严重性。他们开始搜集多方信息，包括员工的诉求、媒体的报道、社交媒体上的言论等，并进行对比分析。

　　通过对比分析，公司管理层发现这起事件涉及公司内部管理和员工权益的问题，而且存在严重的信任危机。他们意识到自己一开始的认知偏见导致了误判，并决定采取更积极的措施来解决问题。

　　首先，公司管理层公开承认了问题的存在，并向所有受影响的员工道歉。他们承诺将采取措施改善员工的工作条件和提高福利待遇，并加强内部管理和沟通机制。

　　其次，公司管理层与员工代表进行了沟通，听取他们的意见和建议。他们积极与员工协商解决方案，采取补偿措施，进行相应的赔偿。

最后，公司管理层加强了与媒体的沟通和合作，及时向公众通报事件的进展情况、相关政策和措施。他们积极回应公众的关切和疑虑，并努力消除负面影响。

这些措施，使公司管理层成功地避免了认知偏见的影响，更准确地处理了舆情并维护了公司的形象和声誉。他们不仅解决了问题，还赢得了公众的信任和支持。

（四）信息过载与决策瘫痪

信息过载和决策瘫痪是两个相互关联的概念，它们都与现代社会中信息过量和复杂性问题有关。

信息过载是指人们接收到的信息超过了他们所能处理、理解和消化的能力。在现代社会，信息无处不在，通过各种渠道（如社交媒体、电子邮件、新闻网站等）不断涌入我们的生活。然而，我们的认知能力和处理信息的能力是有限的，因此，当信息量过大或过于复杂时，我们可能会感到不知所措，无法有效地筛选、整合和利用这些信息。

决策瘫痪则是指信息过载或信息不确定性导致的决策困难或无法做出决策的情况。当我们面临过多的信息时，我们可能会感到困惑、焦虑和不确定，这会阻碍我们做出明智的决策。此外，当我们面临复杂的问题或不确定的情况时，我们可能会感到无从下手，无法确定哪些信息是重要的，哪些信息是无关的。

在舆情处置过程中，信息过载和决策瘫痪的表现可能包括以下几个方面：

信息超载：在舆情处置过程中，需要处理的信息量往往很大，包括各种新闻报道、社交媒体上的言论、公众反馈等。如果信息量过大，超过了处理者的处理能力，就会导致信息超载。处理者可能会感到困惑、焦虑，无法有效地筛选、整合和利用这些信息。

决策困难：由于信息过载，处理者在做出决策时可能会面临困难。他们可能会感到无从下手，无法确定哪些信息是重要的，哪些信息是无关的。此外，面对大量的信息和复杂的情况，处理者可能会感到不确定或犹豫不决，导致决策瘫痪。

决策失误：由于信息过载和决策困难，处理者可能会做出错误的决策。他们可能会忽略某些重要信息，或者对某些信息的理解不准确，导致决策失误。这可能会对舆情处置的效果产生负面影响。

为了理解信息过载和决策瘫痪，我们可以将其与现代社会中的一些现象联系起来。例如，在社交媒体上，"刷屏"行为是一种常见的信息过载和决策瘫痪的表现。刷屏是指在社交媒体上不断滚动或刷新页面的行为，以获取最新的信息或内容。这种行为可能会导致以下问题：

信息过载：刷屏行为意味着不断接收新的信息，这可能会超过我们的处理和理解能力，导致信息过载。我们可能会感到不知所措，无法有效地筛选、整合和利用这些信息。

决策瘫痪：在刷屏的过程中，我们可能会面临大量的选择和信息，这可能会导致我们无法做出决策或感到困惑。我们可能会花费过多的时间和精力去筛选和评估这些信息，而无法做出明智的决策。

为了避免信息过载和决策瘫痪，我们可以采取以下措施：

设定合理的目标和时间限制：在刷屏之前，先设定明确的目标和时间限制。这样可以帮助我们更好地控制自己的时间和注意力，避免无限制地滚动或刷新页面。

筛选和整合信息：在获取新的信息时，我们可以先筛选和整合信息。例如，只关注与自己目标和兴趣相关的信息，或将其分类整理，以便更好地理解和利用。

培养批判性思维：学会批判性地思考和分析信息，以便更好地筛选和利用信息。我们可以通过评估信息的来源、可信度和相关性，以及查看其他可靠来源的意见和建议来做出更明智的决策。

制订计划和行动指南：在面对大量信息和选择时，我们可以制订明确的计划和行动指南。这可以帮助我们明确自己的目标和优先事项，从而更容易做出决策和采取行动。

寻求帮助和支持：当我们面临复杂的问题或不确定的情况时，可以寻求他人的帮助和建议。这可以帮助我们更好地理解信息、做出明智的决策并减轻心理负担。

总之，避免信息过载和决策瘫痪的关键是控制自己的时间和注意力，设定合理的目标和时间限制，筛选和整合信息，培养批判性思维，制订计划和行动指南以及寻求帮助和支持。通过这些措施，我们可以更好地应对社交媒体上的"刷屏"行为并提高自己的决策能力。

（五）信息选择性感知与认知偏见

信息选择性感知与认知偏见是两个相关的概念，它们都涉及人们对信息的处理和解读方式。

信息选择性感知是指人们倾向于关注和记忆某些信息，而忽略其他信息的现象。这种现象可能与人们的兴趣、经验、价值观等因素有关。例如，当一个人对某个话题或事件感兴趣时，他可能会更加关注与此相关的信息，而对于其他不相关或不太感兴趣的信息则可能被忽略。

认知偏见是指人们在处理信息时，由于先入为主的观念、刻板印象、证实偏见等因素的影响，而产生的不准确或偏向性的判断和解读。例如，一个人可能因为对某个群体存在刻板印象，而在处理该群体的信息时，更加关注符合刻板印象的信息，而对于不符合的信息则可能会忽略或拒绝接受。

信息选择性感知和认知偏见之间存在一定的联系。信息选择性感知可能导致人们只关注符合自己观点和兴趣的信息，而忽略其他信息，从而加深已有的认知偏见。同时，认知偏见也可能会影响人们的信息选择性感知，使得人们更加倾向于关注和记忆符合自己偏见的信息。

在舆情处置过程中，信息选择性感知与认知偏见的表现可能包括以下几个方面：

信息选择偏向：人们可能根据自己的兴趣、价值观或经验，选择性关注某些信息，而忽略其他信息。这种选择性感知可能导致对事件的全面性和多维度性的认识不足。

刻板印象影响：人们可能对某些群体或事件形成刻板印象，从而在处理相关信息时产生认知偏见。这种偏见可能导致对信息的解读和判断偏离事实真相。

群体思维束缚：在舆情处置过程中，群体思维可能会影响个人的信息选择和认知判断。人们可能受到群体意见的影响，忽略或拒绝接受与群体观点不符的信息。

情绪化处理：在面对舆情事件时，人们可能受到情绪的影响，从而产生认知偏见。这种偏见可能导致对信息的判断和处理偏离事实真相，甚至引发情绪化的反应。

为了避免信息选择性感知与认知偏见在舆情处置过程中的负面影响，我们需要保持开放心态，广泛收集多方信息，对比分析不同来源的信息，独立思考并遵循客观规律进行判断。同时，接受各方面的监督和反馈，及时发现和纠正认知偏见的影响，以提高舆情处置的准确性和公正性。现举例说明如下：

例

近期，某知名主播在直播卖货过程中，因产品质量问题引发了大量消费者投诉。消费者反映所购买的商品存在质量、虚假宣传等问题，要求主播和商家给予解决。此事件迅速成为舆论热点，引发了广泛关注。

在舆情处置过程中，主播和商家采取了以下措施避免出现信息选择性感知与认知偏见：

公开回应：主播和商家迅速发布官方声明，承认商品存在质量问题，并向所有受影响的消费者道歉。同时，他们承诺将采取措施进行召回和退款，确保消费者的权益得到保障。

收集多方信息：主播和商家积极与消费者、媒体、专家等各方进行沟通，收集多方意见和建议。通过对比分析不同来源的信息，他们能够更全面地了解问题的真相和消费者的诉求。

保持开放心态：主播和商家避免受先入为主的观念和刻板印象的影响，以开放的心态对待消费者的投诉和媒体的报道。同时，他们鼓励员工提出自己的观点和建议，以便更好地应对舆情。

遵循客观规律：主播和商家遵循产品质量标准和法律法规，对商品问题进行调查和评估。在处理舆情时，他们以事实为依据，以法律为准绳，避免主观臆断和情绪化处理。

接受监督和反馈：主播和商家积极接受消费者、媒体、专家等各方面的监督和反馈。对于消费者的投诉和媒体的报道，他们及时回应并采取措施进行解决。同时，他们也接受各方面的建议和意见，以便更好地提高产品质量。

通过以上措施，主播和商家成功避免了信息选择性感知与认知偏见的影响。在舆情处置过程中，他们保持了开放的心态和客观的立场，广泛收集多方信息并进行对比分析。同时，他们遵循客观规律和法律法规进行处理和回应，避免了情绪化的反应和主观臆断。最终，主播和商家成功解决了商品质量问题引发的舆情事件，恢复了消费者的信任并提升了品牌形象。

（六）信息筛选与确认偏误

信息筛选与确认偏误是人们在处理信息时常见的一种认知偏见。这种偏见涉及人们如何选择性地关注和记忆某些信息，以及如何根据已有的认知和信念来验证或调整这些信息。

信息筛选是指人们在面对大量信息时，倾向于选择与自己已有认知和信念相符的信息，而忽略或拒绝接受与自己观点不符的信息。这种筛选过程可能导致人们只看到自己想看到的信息，而忽略了其他可能更全面、更客观的信息。

确认偏误是指人们在处理信息时，倾向于寻找或记住那些支持自己观点的信息，而忽略或拒绝接受那些与自己观点不符的信息。这种偏见可能导致人们对某些信息产生过度信任，而对其他信息产生怀疑或不信任。

信息筛选与确认偏误的存在，可能导致人们对信息的理解和判断出现偏差。为了减少这种偏见的影响，我们需要保持开放的心态，广泛收集多方信息，并进行对比分析。同时，我们也需要保持批判性思维，不盲目跟风或被群体思维束缚。只有这样，我们才能更准确地理解和判断信息，避免出现认知偏见和决策失误。现举例说明如下：

某地发生了一起疑似食品中毒事件，有消费者在食用某品牌的产品后出现身体不适症状。事件迅速在社交媒体上引发关注和讨论，各种猜测和质疑层出不穷。

为了避免信息筛选与确认偏误，相关企业和政府部门采取了以下措施：

开展深入调查：除了初步的调查外，可以组织更深入的调查，以查明事件的具体原因。这可能包括对涉事产品的生产、运输、销售等各个环节的详细检查，以及对受害者的身体状况进行更深入的研究。

公开透明地处理受害者诉求：对于受害者，应提供全面的医疗和心理支持，并公开透明地处理他们的诉求。这可能包括提供医疗费用、赔偿等，并确保受害者的隐私得到保护。

强化食品生产监管：政府和相关部门可以加强对食品生产的监管，包括对生产过程、原料来源、产品质量等进行定期检查。此外，还可以加强食品安全的宣传和教育，提高公众对食品安全的认识。

改进产品召回制度：对于涉事产品，应立即进行召回，并公开召回的原因和范围。同时，可以改进产品召回制度，确保在类似事件发生时，能够迅速、有效地进行产品召回。

加强与公众的沟通：通过各种渠道与公众保持沟通，及时回应公众的关切和诉求。这可能包括举办新闻发布会、发布公告、接受媒体采访等。此外，还可以通过社交媒体等渠道与公众互动，解答他们的疑问。

在上述后续处理措施中，相关部门和涉事企业需要积极配合、协作，共同应对危机。同时，也需要加强与公众的沟通和互动，及时回应公众关切和诉求，维护社会稳定和谐。

五、确认偏误与信息失真

（一）确认偏误

确认偏误在日常生活和工作中都很常见。例如，当一个人认为某个品牌的产品是优质的，他可能只注意到该品牌正面的评价和反馈，而忽视那些负面的评价。这种认知偏差会影响决策的准确性和客观性，甚至可能导致错误的结论或行动。

确认偏误的形成原因有多种，包括个人的动机、情感、文化背景等。例如，人们可能会因为自己的价值观、信仰或个人经历而产生某种固有的偏见或成见，从而在信息处理过程中倾向于选择符合自己观点的信息。

仅关注符合自己观点的信息：在舆情事件中，相关人员可能只关注那些符合自己观点或立场的媒体报道、网民评论等，而忽视或忽略那些与自己观点相悖的信息。这种选择性关注可能导致对事件真相的误解和偏见。

过度解读符合自己预期的证据：当发现某些证据或信息符合自己的预期或立场时，相关人员可能对其过度解读或夸大其重要性，而忽视其他可能的解释或证据。这种过度解读可能导致对事件的处理出现偏差。

对不同观点的抵触和排斥：在舆情事件中，相关人员可能会对与自己观点不同的意见和声音产生抵触和排斥心理，不愿意听取或接受不同的观点和证据。这种抵触和排斥可能导致对事件的处理缺乏客观性和公正性。

忽视负面反馈和批评：在舆情事件中，负面反馈和批评是不可避免的。然而，相关人员可能会选择性地忽视或忽略这些负面反馈和批评，只关注那些符合自己立场或观点的正面反馈和评价。这种忽视可能导致对事件处理的不完善和失误。

为了避免确认偏误在处置舆情事件中的负面影响，现举例说明需要采取以下措施：

例

某城市发生了一起重大火灾事故，造成多人死伤和财产损失。事故发生后，社交媒体上出现了大量关于事故的讨论和猜测。一些人指责相关部门疏于监管，而另一些人则认为事故是意外所致。为了避免确认偏误，相关部门采取了以下措施：

及时发布权威信息：相关部门迅速组织新闻发布会或发布官方声明，详细介绍事件的经过、原因和处置进展。通过官方渠道发布信息，确保信息的权威性和准确性，避免谣言和猜测的扩散。

回应公众关切：针对社交媒体上的质疑和猜测，相关部门及时回应并澄清事实。例如，对于指责相关部门处理不当的声音，相关部门可以公开解释事件处置的决策过程和依据，以消除公众的疑虑。

开放透明地处理事件：相关部门积极与媒体合作，提供事件处理的详细情况和进展。同时，也鼓励公众参与监督和反馈，通过公开透明的方式处理事件，增强公众的信任感。

收集多方意见：相关部门可以组织专家学者、利益相关者等各方代表进行座谈或研讨会，共同探讨事件的性质、原因和解决方案。通过多方意见的交流和碰撞，可以更全面地了解事件的真相和处理方式。

加强舆情监测与引导：政府和相关部门加强舆情监测工作，及时发现和处理舆情热点。同时，通过舆论引导和价值倡导，引导公众理性看待事件，避免情绪化的言论和行为。

通过以上具体措施的实施，相关部门成功避免了确认偏误的发生。公众逐渐了解到事件的真相和处理进展，对相关部门采取的措施表示认可和支持。同时，也维护了社会的稳定和谐。

这个案例说明了在舆情处置中，及时发布权威信息、回应公众关切、开放透明地处理事件、收集多方意见以及加强舆情监测与引导等具体措施有助于避免确认偏误。这些措施有助于提高舆情处置的效率和准确性，维护社会稳定和谐。

（二）信息失真

信息失真是指信息在传递、处理和利用过程中由于各种原因导致信息的内容、质量、效果等方面发生了偏差或变化，使信息失去了真实性和准确性。

信息失真的原因有很多，包括但不限于以下几个方面：

信息传递过程中的失真：在信息传递过程中，由于信息传播者对信息的理解、表达和接收能力等因素的影响，可能导致信息失真。

信息处理过程中的失真：在信息处理过程中，由于处理方法、技术手段、设备性能等因素的影响，可能导致信息失真。

信息利用过程中的失真：在信息利用过程中，由于使用者对信息的理解、应用能力和经验等因素的影响，可能会导致信息失真。

信息失真在舆情处置过程中的表现主要有以下几个方面：

传播内容失真：在舆情处置过程中，由于信息传递的复杂性和多渠道性，一些信息在传播过程中可能会被误解、误传或篡改，导致传播内容与实际情况存在偏差或失真。

舆论引导失真：在舆情处置过程中，一些部门或个人可能会通过操纵舆论、制造话题等方式引导公众的认知和态度，从而影响舆情的走向。这种引导方式可能导致公众对事件真相的认知产生偏差，进而引发信息失真。

情绪化表达失真：在舆情处置过程中，一些网民可能会因为情绪化的表达而偏离客观实际，导致信息失真。例如，一些网民可能因为个人情感或偏见而夸大或歪曲事实，从而影响公众对事件的判断和认知。

为了减少信息失真在舆情处置过程中的影响，现举例说明可以采取以下措施：

例

某地区发生了一起自然灾害事件，导致了大量的人员伤亡和财产损失。社交媒体上出现了大量关于该事件的讨论和猜测，其中一些信息失真的情况也出现了。

首先，由于灾害事件的复杂性和不确定性，一些不实信息和谣言开始在社交媒体上传播。例如，有人错误地声称某些救援队伍没有及时赶到现场，而另一些人则散布未经证实的关于灾害原因和后果的言论。这些失真的信息在公众中引起了恐慌和混乱，增加了舆情处置的难度。

其次，当地相关部门和救援机构在发布信息时，缺乏及时、准确和全面的信息发布机制，导致了一些信息的不透明和模糊性。例如，相关部门在公布灾情数据时，未能详细说明数据来源和统计方法，导致公众对数据真实性的怀疑。此外，救援机构在发布救援进展时，未能详细说明救援行动的具体情况、面临的困难和取得的成果，导致公众对救援行动的误解。

最后，社交媒体上还出现了一些情绪化的表达和攻击性的言论。由于缺乏有效的舆情引导和管理，一些网民可能会因为情绪化的表达而偏离了客观实际，进而对事件进行不客观的评价和攻击。这些言论不仅会影响公众对事件的判断，还会引发更多的情绪化和攻击性言论，形成恶性循环。

为了减少信息失真在舆情处置过程中的影响，可以采取以下措施：

建立及时、准确的信息发布机制：当地相关部门和救援机构应该建立及时、准确的信息发布机制，包括灾害事件的详细经过、原因、处理进展、救援情况等，以消除公众的疑虑和猜测。同时，应该避免发布不实信息或猜测，确保信息的真实性和准确性。

加强舆情引导和管理：当地相关部门和救援机构应该加强对舆情的引导和管理，避免情绪化的言论和攻击性的言论。可以通过官方渠道发布声明或回应，澄清事实真相，消除公众的误解和疑虑。同时，应该加强对社交媒体上言论的监管和管理，打击恶意炒作和谣言传播行为。

提高信息传播的质量和效率：当地相关部门和救援机构应该提高信息传播的质量和效率，确保信息的准确性和可信度。可以通过专业的公关团队或媒体机构来协助处理舆情事件，提高信息的传播效率和影响力。

总之，信息失真在舆情处置过程中是一个需要重视的问题。建立及时、准确的信息发布机制，加强舆情引导和管理以及提高信息传播的质量和效率等，可以减少信息失真的影响，确保舆情的真实性和准确性。

（三）归因谬误与责任误判

归因谬误和责任误判是两个不同的概念，它们在含义和影响方式上有所不同。

归因谬误是一种认知偏差，是指人们在解释自己或他人行为时对因果关系的错误判断。这种谬误主要是由于人们倾向于用个体性格特征来解释行为，而忽视了外部环境的影响。归因谬误可能导致人们对行为的原因做出不准确的判断，从而影响对行为者的评价和责任判断。

责任误判则是指由于归因谬误或其他原因，人们对行为者的责任做出了不准确的判断。这种误判可能源于对行为者的动机、意图或行为的误解，或者对相关证据的错误解读。责任误判可能导致对行为者的不当指责或忽视，影响公正和合理的责任分配。

虽然归因谬误和责任误判都涉及对行为原因和责任的判断，但它们关注的焦点和影响方式有所不同。归因谬误主要关注个体对行为原因的错误判断，而责任误判则关注对行为者责任的错误判断。在处理涉及责任的问题时，需要综合考虑归因谬误和其他因素，以确保公正和准确的责任判断。在舆情处置过程中，归因谬误和责任误判的表现如下：

归因谬误的表现：

过度强调个体因素：归因谬误可能导致人们过度关注个体性格、动机等因素，而忽视了外部环境、情境等对行为的影响。

忽视证据：归因谬误可能导致人们忽视相关证据，仅凭主观判断对行为原因进行解释。

偏见和刻板印象：归因谬误可能导致人们基于偏见和刻板印象对行为者进行判断，从而影响对行为原因的准确理解。

责任误判的表现：

错误判断行为者的责任：责任误判可能导致人们对行为者的责任做出不准确的判断，如将行为者的轻微过失归咎为重大责任。

忽视相关证据：责任误判可能导致人们忽视与行为者责任相关的证据，仅凭主观判断对责任进行判断。

偏见和刻板印象：责任误判可能导致人们基于偏见和刻板印象对行为者进行判断，从而影响对责任的准确分配。

在舆情处置过程中，归因谬误和责任误判都可能导致对行为原因和责任的错误判断，从而影响舆情的公正、合理处理。因此，在处理舆情时，需要综合考虑相关证据和事实，避免归因谬误和责任误判的发生。现举例说明如下：

例

某城市发生了一起突发公共卫生事件，导致大量市民出现健康问题。这一事件引起了公众的广泛关注和恐慌，社交媒体上出现了大量关于事件原因、责任归属以及政府应对措施的讨论和猜测。

在这个案例中，为了有效避免归因谬误和责任误判，政府采取了以下措施：

迅速启动应急响应机制：政府应立即成立应急指挥部，组织相关部门和专家进行调查和处理。同时，加强与医疗机构的合作，及时诊断和治疗受影响的市民。

公开透明地发布信息：政府应建立专门的新闻发布机制，及时向公众发布事件的相关信息，包括事件发生

的原因、影响的范围、政府采取的措施等。同时，加强
与媒体的沟通，及时回应公众的关切和质疑。

建立专家团队进行调查：政府应组建一个由医学专
家、公共卫生专家等组成的调查团队，对事件进行全面、
客观的调查。这个团队应基于事实和证据，对事件的原
因、责任归属等进行准确判断，并及时向公众发布调查
结果。

加强与公众的沟通：政府应积极与公众沟通，听取
公众的意见和建议。对于合理的建议和意见，及时回应
并采取改进措施。同时，加强与受影响市民的沟通，提
供必要的支持和帮助。

加强公共卫生管理和风险控制：政府应加强公共卫
生管理和风险控制，建立健全公共卫生体系和风险防控
机制。同时，加强对食品、药品等安全监管，确保公众
的健康和安全。

以上措施可以更加具体地应用到舆情处置过程中，有助于减
少归因谬误和责任误判的发生。同时，政府需要反思自身应对措
施的不足，加强公共卫生管理和风险控制，以更好地应对类似事
件的发生。

（四）过度简化与复杂问题简化

过度简化和复杂问题简化是两个不同的概念，它们在解决问
题的方法和效果上有所不同。

过度简化是指将一个复杂的问题过分简化，忽略了一些重要的细节或因素，从而导致对问题的理解和处理出现偏差。这种做法可能会导致错误的结论或决策，因为简化后的模型无法完全反映实际情况的复杂性和多样性。

复杂问题简化则是指将一个复杂的问题分解成若干个较小的组成部分，以便更好地理解和解决它们。这种做法通常被称为"分而治之"，它可以帮助人们更好地理解问题的本质和关键因素，从而更准确地评估和解决它们。

因此，过度简化和复杂问题简化在解决问题的方法和效果上有所不同。过度简化可能会导致错误的结论或决策，而复杂问题简化则可以帮助人们更好地理解和解决复杂的问题。在解决问题时，我们应该根据问题的复杂性和实际情况，选择合适的简化方法，以确保得出准确和可靠的结论或决策。

在舆情处置过程中，过度简化和复杂问题简化的表现形式可能包括以下几个方面：

忽略细节和复杂性。过度简化可能导致在处理舆情时忽略了一些重要的细节和复杂性。例如，可能只关注表面现象，而没有深入了解问题的根源和背景。

缺乏全面性。过度简化可能导致对舆情的理解不够全面。例如，可能只关注某个方面的观点或情绪，而忽视了其他方面的声音和意见。

缺乏深入分析。过度简化可能导致对舆情的分析不够深入。例如，可能只是简单地描述了问题的表面现象，而没有对问题的本质和原因进行深入的分析和探讨。

缺乏灵活性。过度简化可能导致在处理舆情时缺乏灵活性。例如，可能只是按照既定的程序和方法进行处理，而没有根据实际情况进行灵活的调整和应对。

缺乏系统性。复杂问题简化可能导致在处理舆情时缺乏系统性。例如，可能只是关注了某个具体的舆情事件，而没有将其与整体情况进行综合考虑和分析。

在舆情处置过程中，应该避免过度简化和复杂问题简化，而要全面、深入、灵活地分析舆情，以更好地应对和处理各种复杂的情况和问题。

例

某城市计划推出一项新的交通政策"智慧泊车"，旨在缓解城市交通拥堵问题。然而，这一政策引发了公众的广泛质疑和反对。社交媒体上出现了大量关于政策合理性的讨论和质疑，包括政策是否真正有效、是否考虑了公众的利益等。

在这个案例中，相关部门对于舆情的处置存在过度简化和复杂问题简化的表现。

过度简化：相关部门在回应公众质疑时，仅强调政策的积极效果和必要性，而没有充分解释政策的具体内容和实施细节。这种过度简化的回应方式没有充分展现出政府的透明度和诚意，导致公众对政府的信任度降低。

复杂问题简化：相关部门在制定和推行交通政策时，没有充分考虑到公众的利益和需求。仅从城市管理和交通管理的角度出发，忽视了公众的出行需求和利益诉求。这种简化问题的方式导致政府在应对舆情时缺乏全面性和系统性的思考，难以有效解决公众的疑虑和不满。

通过这个案例，我们可以看到在舆情处置过程中过度简化和复杂问题简化的表现形式。政府应该避免过度简化问题，充分解释政策的具体内容和实施细节，以展现出政府的透明度和诚意。同时，政府也需要全面考虑公众的利益和需求，以系统性的方式制定和推行政策，有效解决公众的疑虑和不满。

政府可以采取以下措施来提高舆情处置能力：

强化政府公信力。政府在回应公众质疑时，需要保持真诚、友善、快捷的工作作风，以正能量维护政府形象，消除民众与政府间的矛盾隔阂。从根本上扭转民众对政府的偏激看法，为政府争取有效引导社会舆情话语权奠定基础。

提高媒介素养。地方政府要转变观念，突破"一地一域"的限制，经营好官方微博和官方微信公众号，不能着眼于临时应急，而要注重平时运营，在舆情事件处置中吸取经验和教训。这样有助于提升自身媒介素养，进而提高线上发布的能力和水平。

建立舆情引导机制。政府机关应设立专属部门，具有独立性、专业性和权威性，既能监控日常网络舆情，又能与公安、宣传等部门保持联动机制，在网络舆情发生时协调相关部门提出统一意见并对舆情走向予以引导。

（五）信息选择性与认知偏见

信息选择性与认知偏见是人们在处理和解释信息时可能出现的两种现象。

信息选择性是指人们倾向于关注某些信息而忽略其他信息的情况。这可能是由于个人兴趣、经验、知识结构等多种因素造成的。例如，一个人对政治新闻感兴趣，他可能会更多地关注这方面的信息，而对体育新闻则相对忽视。

认知偏见是指人们在处理信息时，由于思维定式、知识局限、情绪影响等原因，对信息进行不客观、不符合事实的解读。例如，一个人可能因为先入为主的观念，对某个事件或人物持有固定的看法，从而在处理相关信息时产生偏见。

理解这两种现象有助于更好地认识人们在信息处理过程中的局限性，以及如何克服这些局限性，从而更全面、客观地理解和处理信息。在舆情处置过程中，信息选择性与认知偏见的表现可能包括以下方面：

信息选择性。

信息筛选：人们可能会根据个人的兴趣、经验和预期来筛选所接收的信息。例如，在处理某个突发事件时，一些人可能只关注与自己观点相符的信息，而忽略其他角度的报道或观点。

信息强调：倾向于强调或放大某些信息，而对其他信息轻描淡写或忽略。例如，当某些舆情与组织的利益相关时，组织可能会过度强调这些舆情的影响。

认知偏见。

刻板印象：对于某些群体或事件，由于过去的经验或固定的看法，人们可能会形成一种刻板的印象，从而影响对当前信息的判断。例如，某组织可能因为过去的不良记录，而对其实施的某个项目持有偏见。

证实性偏误：人们倾向于寻找和解释能够证实自己观点的信息，而忽略那些与自己观点相悖的信息。这在舆情处置中可能导致决策失误或对事实的扭曲。

情感驱动：情绪有时会强烈地影响人们的判断。当某个舆情引发强烈的情感反应时，人们可能会基于情绪而非理性来处理信息。现举例说明在舆情处置中如何避免信息选择性与认知偏见：

例

近期，某城市出现供暖问题，导致居民家中温度不达标，引发大量投诉和抱怨。社交媒体上出现了关于供暖问题的讨论和负面评价，要求相关部门采取措施解决问题。

信息选择性表现：在这个案例中，信息选择性可能表现为供暖企业只关注供暖设备的正常运行和温度达标情况，而忽略或轻视居民的投诉和抱怨。例如，企业可能认为居民只是因为个体差异而产生不满情绪，而没有深入了解问题的根源和普遍性。

为了避免信息选择性，供暖企业应全面收集和分析关于供暖问题的所有反馈信息，包括来自居民、社交媒体、政府部门等的意见和评价。这有助于发现潜在的问题和改进的方向，并为后续的舆情处置提供准确的基础。

认知偏见表现：在这个案例中，认知偏见可能表现为供暖企业对居民的投诉和抱怨持怀疑或忽视态度，认为问题只是个例而非普遍现象。例如，管理层可能因为过去的经验而认为供暖系统稳定可靠，而对居民的不满情绪产生抵触或轻视。

为了避免认知偏见，供暖企业应保持客观和开放的态度，对所有反馈信息进行深入分析和评估。同时，应积极与居民、政府部门和其他利益相关者进行沟通，了解他们的需求和期望，以促进更全面地认识和改进。

应对措施：为了有效应对这起舆情事件，供暖企业可以采取以下措施：

及时回应与处理：针对居民的投诉和抱怨，供暖企业应建立快速响应机制，及时了解问题并采取措施解决。这有助于减少误解和不满情绪的积累。

透明沟通：供暖企业应主动与居民、政府部门和其他利益相关者进行沟通，分享供暖问题的详细信息和改进计划。这有助于建立互信关系，减少信息不对称的影响。

深入调查与分析：针对反馈中提到的问题和不足，供暖企业应进行深入调查和分析，找到问题的根源并提出改进措施。这有助于提升供暖质量和满足居民的需求。

强化舆情监测和分析：通过专业的舆情监测和分析工具，实时监测关于供暖问题的舆情动态，及时发现并应对不当言论或虚假信息。这有助于维护舆情的稳定和正确引导公众舆论。

以上措施，可以有效避免舆情受信息选择性和认知偏见的影响，促进舆情处置的客观性和公正性。同时，也有助于建立良好的企业形象和客户关系，提升供暖企业的竞争力和市场地位。

六、网络匿名性带来的行为变化

（一）网络匿名性

网络匿名性是指用户在互联网上隐藏或掩盖自己真实身份的行为。这种匿名性可以为用户提供一种自由的表达平台，但同时也存在一些问题和风险。以下是如何认识心理现象中的网络匿名性：

网络匿名性可以满足一般网络用户的隐私需求，同时也可以为网络用户提供一定的安全保证。在网络中，用户可以选择不提供真实信息或在使用网络系统时使用假名，使其他用户无法判断其真实身份的情况。这种匿名性可以保护个人隐私，增加用户安全感。

网络匿名性可以促进网络社区的互助与共同发展。在网络社区中，人们可以在不需要考虑自己身份的情况下相互支持，增强沟通，从而形成一个优秀的团队。这种匿名环境可以鼓励用户更勇敢地发表自己的观点和意见，促进网络社区的交流和互动。

网络匿名性也存在一些问题和风险。一方面，匿名性可能导致虚假信息的泛滥和网络暴力的出现。一些用户可能会利用匿名身份发布一些恶意攻击、谣言传播等不负责任的言辞，损害他人的声誉和利益。另一方面，匿名性也给网络诈骗等违法犯罪行为提供了便利，给人们的生活和财产安全带来威胁。

因此，在认识心理现象中的网络匿名性时，需要综合考虑其积极和消极方面。虽然网络匿名性为用户提供了一定的隐私感和安全感，但也需要加强对其管理和规范，以减少不负责任的行为和犯罪活动。同时，对于个人而言，应该提高自身素质和判断力，避免受到虚假信息的误导和伤害。下面以某网络论坛用户涉嫌抄袭的事件为例，来具体说明这个问题：

例

一位名为"A用户"的网络论坛用户发布了一篇文章，这篇文章涉嫌抄袭另一位名为"B用户"的用户文章。由于网络的匿名性，导致一些不明真相的网友开始指责B用户，质疑其创作能力和诚信。

在这种情况下，为了解决舆情问题，避免网络匿名性带来的负面影响，可以采取以下措施：

及时公开信息：论坛管理员应尽快对涉嫌抄袭的事件进行调查，并在调查结果出来之前，及时发布声明，表明正在处理此事的态度，以减少不明真相的网友的猜测和指责。

鼓励实名发声：在事件处理期间，可以倡导网友进行实名发声，要求他们在发表观点时注明自己的真实身份，以增加发言者的责任感和自我约束力。这样可以减少匿名状态下不负责任的言论和行为。

强化网络监管：论坛管理员应加强对涉嫌抄袭事件的监管，及时发现和处理恶意攻击、谣言传播等不良行为。对于发布虚假信息或恶意攻击的用户，应采取禁言、封号等措施进行处罚。

舆情引导与教育：在事件处理过程中，可以通过论坛公告、置顶帖等形式传播正面信息，引导网友理性思考和评价事件。同时，也可以通过教育手段提高网友的媒介素养和信息辨识能力，减少盲目跟风和恶意攻击的现象。

建立反馈机制：建立有效的反馈机制，鼓励网友通过官方渠道反映自己的意见和建议。对于网友提出的问题，应积极回应和解决，以增加公众对事件处理的信任感和满意度。

以上措施，可以有效地避免网络匿名性带来的问题，促进舆情处置的公正、客观和有效。同时，需要各方共同努力，加强合作与沟通，共同维护网络空间的健康和秩序。

（二）匿名性带来的不理智行为和极端观点的涌现

匿名性带来的不理智行为和极端观点的涌现是一个复杂的社会现象。在匿名的状态下，个体往往感觉无须为自己的言论和行为负责，这可能导致他们在表达观点时更加无所顾忌，甚至出现不理智的行为。

当人们处于匿名状态时，缺乏社会责任感和自我约束力，这可能导致行为上的放纵。这种情况下，一些人可能会选择宣泄情绪或发表极端观点，以吸引他人的注意或满足自己的虚荣心。这种行为可能会引发其他人的共鸣或反感，但无论如何，它都可能对正常的讨论和交流造成干扰。

此外，匿名性也可能加剧群体极化现象。当人们隐藏在匿名的面具下，他们可能会放弃自己的独立思考，更容易受到他人的影响。如果他们所属的群体已经持有某种极端观点，匿名性可能使这种观点变得更加极端，从而增加了群体内部的凝聚力和对外界的排斥力。

要解决这一问题，一方面需要技术手段的支持，例如加强网络平台的监管和审查，过滤不负责任的言论；另一方面，也需要提高个体的社会责任感和自我约束力，鼓励他们在发表观点时理性思考、尊重他人。同时，通过教育和宣传，培养社会宽容和多元文化的氛围，也是减少极端观点的重要途径。

总之，匿名性是一把"双刃剑"，它既为个体提供了自由表达的机会，也可能导致不理智行为和极端观点的涌现。因此，在享受匿名性带来的便利时，我们也需要时刻警惕其潜在的风险。

在舆情处置过程中，匿名性带来的不理智行为和极端观点的涌现可能有以下更全面的表现：

虚假信息和谣言的传播：由于匿名性，一些人可能会故意发布不实信息或谣言，以误导公众或制造混乱。这些虚假信息可能涉及个人、组织或政府，引发公众的不信任和恐慌。例如，捏造事实、散布虚假新闻，或者对某些事件进行夸大或歪曲报道。

恶意攻击和网络暴力：在匿名的掩护下，一些人可能会对他人进行恶意攻击或人身攻击，包括诽谤、侮辱、威胁等。这种行为不仅侵犯了他人的权益，也破坏了健康的讨论氛围。例如，在网络上对个人或群体进行无端的指责、谩骂或人身攻击。

群体极化和情绪化反应：当大量人群聚集在匿名的环境中，他们更容易受到彼此观点的影响，导致群体内部的观点逐渐极端化。这种极端观点的涌现可能导致社会分裂和紧张局势的加剧。同时，由于缺乏面对面的交流和身体语言的线索，情绪化的反应可能更加激烈，导致非理性的决策和行为。

舆情失控和信息泛滥：在舆情处置过程中，如果不能有效控制匿名性带来的不理智行为和极端观点的涌现，可能导致舆情失控。在这种情况下，舆论场可能被一些极端声音主导，理性、客观的声音被淹没，给社会稳定带来威胁。同时，大量的虚假信息和极端观点可能导致信息泛滥，使公众难以分辨真伪，增加了舆情处置的难度。

利益驱动的言论和行为：在匿名的环境下，一些人可能会出于个人利益或者特定群体的利益发表言论或采取行动。这可能涉及政治、经济、文化等多个领域，表现为为某些利益集团发声、制造有利于特定群体的舆论等。这种情况下，个体或群体可能会放弃真实和客观的立场，而选择迎合某种利益诉求。

社会信任的破坏：由于匿名性可能导致虚假信息和极端观点的传播，公众对社会机构、媒体和政府的信任可能受到损害。这种不信任可能导致社会凝聚力的减弱和社会矛盾的加剧。

非理性消费和文化盲从：在消费领域，匿名性可能导致非理性消费行为的增加。例如，在某些网络平台上，一些人可能会因为从众心理或者受到匿名性的影响而盲目购买商品或服务，而忽略了自己的实际需求和预算约束。此外，匿名性也可能导致文化盲从现象的出现，即个体在匿名的状态下放弃自己的文化认同和价值观，盲目追随主流文化或者流行趋势。

为了应对这些挑战，政府、媒体和相关机构需要采取一系列措施，现举例说明如下：

例

某社交媒体平台上出现了一则关于某政治人物的虚假新闻。由于匿名性的存在，一些用户在未核实信息真伪的情况下，迅速转发和评论，导致该虚假新闻迅速传播。在匿名的掩护下，一些极端观点和攻击性言论也开始涌现，对相关人员造成了严重的负面影响。

解决措施：

及时辟谣和澄清：平台方和权威媒体需要及时发布辟谣信息，澄清事实真相。同时，对首发和传播虚假信息的用户进行调查和处理，遏制虚假信息的进一步传播。

加强实名认证和监管：加强平台的实名认证措施，要求用户使用真实身份进行注册和发言。同时，加强对平台内容的监管，对违规行为进行及时处理。

教育公众：通过教育和宣传活动，提高公众对网络信息的辨别能力和理性思考能力。引导公众在面对舆情时保持冷静客观的态度，不轻易被极端观点影响。

建立快速响应机制：政府和相关机构应建立舆情快

速响应机制，及时发现、跟踪和分析舆情动态。一旦出现不理智行为和极端观点的涌现，能够迅速采取措施进行处置，防止舆情失控。

倡导文明上网和社会责任意识：通过公益广告、宣传活动等形式，倡导文明上网和社会责任意识。鼓励网民自觉遵守网络道德规范，对自己的言论和行为负责，不传播虚假信息和极端观点。

（三）网络暴力和网络欺凌的心理机制

网络暴力和网络欺凌的心理机制是指引发这些行为的内在心理因素和过程。这些心理机制可以从多个角度来解释，但总体来说，它们涉及个体心理和社会心理层面的因素。

在网络暴力和网络欺凌的心理机制中，个体心理层面的因素主要包括自我肯定感、情绪传染、心理需求不满足等。例如，一些人可能因为自我肯定感较低，通过贬低他人来提升自己的自尊心和自信心。另外，一些人可能因为情绪上的不满和焦虑，通过网络发泄情绪，攻击他人。此外，一些人可能因为心理需求不满足，如渴望关注、认同或者权力等，通过网络暴力或网络欺凌来满足自己的心理需求。

社会心理层面的因素则主要包括从众心理、群体压力、社会认知偏差等。例如，在群体压力下，个体可能会盲目追随群体行为，参与网络暴力和网络欺凌。另外，社会认知偏差也可能导致人们对某些人或事件产生错误的认知和判断，从而引发网络暴力和网络欺凌。

此外，网络暴力和网络欺凌的心理机制还与网络匿名性和隔绝感有关。网络匿名性使个体在实施攻击行为时感觉不到社会约束和道德压力，降低了自我意识和责任感，从而容易引发网络暴力和网络欺凌。同时，网络的隔绝感也使个体在实施攻击行为时不会感到面对面的社会压力和恐惧，降低了攻击行为的抑制力。在舆情处置过程中，网络暴力和网络欺凌的心理机制主要表现为以下几个方面：

情绪驱动：网络暴力和网络欺凌行为往往是由强烈的情绪驱动的，如愤怒、恐惧、焦虑等。当个体感到不满、不安或者受到威胁时，他们可能会通过网络发泄情绪，对他人进行攻击或欺凌。

从众心理：从众心理是网络暴力和欺凌心理机制的一个重要方面。当个体在群体中时，他们往往会受到群体情绪和行为的影响，从而采取与群体一致的行为。在网络环境中，这种从众心理可能导致对某个人的集中攻击或排挤，形成网络暴力或网络欺凌。

匿名性：网络匿名性使个体在实施攻击行为时感觉不到社会约束和道德压力，降低了自我意识和责任感，从而容易引发网络暴力和网络欺凌。同时，匿名性也使个体在实施攻击行为时不会感到面对面的社会压力和恐惧，降低了攻击行为的抑制力。

社会认同：社会认同理论认为，人们通过社会认同来确立自己的身份和自尊。在网络环境中，人们可能会通过攻击他人来提升自己的社会地位和自尊心，从而获得一种掌控感和优越感。这种心理机制可能导致对某些人的恶意攻击和贬低，形成网络欺凌。

信息误导：网络暴力和网络欺凌行为往往基于错误的信息或者谣言。个体在面对不实信息或者谣言时，可能会被误导，对他人进行不公正的攻击或指责。这种信息误导可能加剧网络暴力和欺凌的发生。现举例说明，舆情处置过程中如何避免网络暴力和网络欺凌的心理机制：

例

以"某地多名学生在暑假期间因一些琐事对一名女生不满，将其骗到田间路实施殴打"这一校园暴力事件为例，来说明在舆情处置过程中如何避免网络暴力和网络欺凌的心理机制。

首先，学校应该及时发现并制止校园暴力的发生。在上述事件中，学校应该加强对学生的监管，及时发现学生之间的矛盾和冲突，采取有效措施进行调解和处理，避免暴力事件的发生。同时，学校也应该加强对学生的教育和宣传，提倡平等和尊重的观念，引导学生树立正确的人际关系观。

其次，在舆情处置过程中，应该避免网络暴力和网络欺凌的心理机制的负面影响。学校和媒体应该及时发布权威信息，澄清事实真相，同时也要加强对网络信息的监管和管理，防止不实信息和谣言的传播。在面对舆情时，应该保持冷静客观的态度，不盲目相信和传播不实信息或谣言。同时，也要加强对网络暴力和欺凌行为的监督和打击力度，维护公正和正义。

再次，学校还应该加强对受害者的心理支持和辅导。在上述事件中，学校应该为受害女生提供心理支持和辅导，帮助她走出阴影，重拾自信。同时，也要加强对其他学生的心理健康教育，提高他们的心理抵抗力和解决问题的能力。

最后，家庭、社会和政府等各方面也应该支持和配合学校的工作，共同为解决校园暴力问题作出努力。家庭应该加强对孩子的教育和监管，培养孩子正确的价值观和行为习惯；社会应该加强对校园暴力的关注和打击力度，营造安全和健康的成长环境；政府应该制定更加严格的法律法规来惩治校园暴力行为，保障学生的权益和安全。

综上所述，在舆情处置过程中避免网络暴力和网络欺凌的心理机制的负面影响需要多方面的努力。学校应该加强监管和管理、及时发布权威信息、提供心理支持和辅导、加强合作与配合等方面的工作；家庭、社会和政府等各方面也应该支持和配合学校的工作，共同为解决校园暴力问题作出努力。同时，也需要提高公众的媒介素养和理性思考能力，引导他们正确面对网络信息，不盲目相信和传播不实信息或谣言。

（四）网络形象追求与社会比较压力

网络形象追求是指个体在社交媒体上追求良好的自我形象和认同感的行为。随着社交媒体的普及，人们越来越多地在网络上展示自己的生活、思想和情感，并希望得到他人的认可和赞扬。这种追求良好形象的心理需求可以驱使个体花费大量时间和精力来编辑和美化自己的社交媒体形象，以吸引更多的关注和赞扬。

社会比较压力是指个体在社交媒体上感受到的来自他人评价和比较的压力。社交媒体上的信息流和互动性使人们可以轻易地了解他人的情况，并将其与自己的情况进行比较。这种比较可能引发焦虑、不满和压力，促使个体更加努力地追求良好的自我形象和认同感。

网络形象追求和社会比较压力之间存在密切的关系。一方面，社会比较压力可能促使个体更加努力地追求良好的网络形象，以提升自己的社会地位和认同感；另一方面，过度追求网络形象可能导致个体忽视现实生活中的问题和挑战，产生焦虑、抑郁等心理问题。

在舆情处置过程中，网络形象追求和社会比较压力的表现可能包括以下几个方面：

过度关注形象：在应对舆情时，一些组织或个人可能过度关注自身的形象，试图通过各种手段来维护或重塑形象，而不是专注于问题的解决。

社会比较心理：在舆情发展过程中，人们可能通过与他人的比较来评估自身的应对能力。如果看到其他组织或个人应对得当，可能产生焦虑或压力，促使自己采取更好的应对策略。

攀比心理：在舆情处置过程中，可能存在攀比心理，即人们会拿自己的应对方式与他人进行比较，并试图超越他人。这种心理可能会导致不理智的决策，如过度投资于形象公关，而忽视实质性的问题解决。

信息操纵：一些组织或个人可能试图通过操纵信息来影响公

众对其形象的认知。例如，他们可能会选择性地发布信息，或者隐瞒某些信息，以维护或改善自身的形象。

社会压力下的从众行为：在舆情环境下，个体可能感受到来自社会的压力，促使他们采取与大多数人一致的行为或观点。这种从众行为可能导致一些盲目的决策，忽视了个体独立思考的重要性。

在舆情处置过程中，应尽量避免过度追求网络形象和社会比较压力对决策的影响。要注重实质问题的解决，而不是仅仅关注形象管理；要理性面对社会比较压力，不盲目攀比；要保持独立思考，避免从众行为导致的不理智决策。

例

现以抖音上的某网红为例，来进一步说明舆情处置过程中网络形象追求与社会比较压力的现象。

该网红在抖音上以其幽默、搞怪的风格迅速走红。为了在众多抖音用户中脱颖而出，该网红经常采用一些夸张、搞笑的表演方式，有时甚至故意扮丑，以吸引观众的注意。这种追求网络形象的行为，显然是为了获得更多的关注和粉丝，提升自己在社交媒体上的影响力。

同时，社会比较压力也在该网红的走红过程中起到了推动作用。在抖音平台上，用户间的竞争非常激烈，只有那些能够吸引大量关注和粉丝的人才能脱颖而出。这种竞争压力促使该网红不断推陈出新，以吸引更多观众的眼球。

然而，过度追求网络形象和社会比较压力也可能带来负面影响。为了维持自己的形象和粉丝数量，该网红需要不断创作新的内容，这可能会对其创作产生压力，甚至影响其心理健康。同时，如果过度依赖外在形象和粉丝数量来衡量自己的价值，可能会导致自我认同的迷失。

因此，在舆情处置过程中，我们应该理性面对网络形象追求和社会比较压力。在追求关注和影响力的同时，也要注重自身价值的提升和内在素质的培养。同时，我们也应该提高公众的媒介素养和理性思考能力，引导他们正确看待社交媒体上的信息和人物，不盲目追求和攀比。

七、沉默的螺旋与舆论压力

（一）沉默的螺旋

沉默的螺旋是指这样一个现象：人们在表达自己的观点和看法时，会受到周围人的影响，如果发现自己的观点和大多数人一致，就会积极参与讨论；但如果发现自己的观点与大多数人不同，可能会因为害怕被孤立而保持沉默。这种现象的发生是因为人们对于社会认同和归属感的追求，以及对于被孤立的恐惧。

在舆情处置过程中，沉默的螺旋可能会影响公众对于事件或话题的看法和态度。如果大多数人持某种观点或态度，那么持有不同观点或态度的人可能会因为害怕被孤立而保持沉默。这种沉默有时会导致某种观点或态度在社会中占据主导地位，甚至可能扭曲事实或压制不同声音。

沉默的螺旋理论基于三个假设：

大多数人在决定如何表达他们的意见时会进行"意见气候"的评估。他们评估哪些意见在社会上是主流的，哪些是边缘的。

人们害怕被孤立，因此倾向于表达那些被大多数人所接受的意见。

当人们看到自己的观点得到支持（成为主流意见）时，他们更倾向于表达这些观点。当他们看到自己的观点被拒绝（成为非主流意见）时，他们可能保持沉默。

这三个假设共同解释了为什么在公共舆论中，那些被认为是"主流"的观点往往会得到更多的支持和表达，而那些被认为是"非主流"或"少数"的观点则可能被压制或忽略。这种现象在许多社会和历史环境中都有所体现，包括在线社交媒体平台、政治集会、宗教集会等。

在舆情处置过程中，沉默的螺旋表现为以下几种现象：

意见的表明是一个社会心理过程。人们会考察周围的意见环境，当发现自己的意见属于多数意见时，会倾向于积极大胆地表达；而当自己的意见属于少数意见时，可能保持沉默或随声附和。

意见的表明和沉默的扩散是一个螺旋式的社会传播过程。一方意见的沉默会导致另一方意见的增势，从而形成一方越来越大声疾呼、另一方越来越沉默下去的螺旋式过程。

大众传播通过营造"意见气候"影响和制约舆论。舆论的形成不是社会公众理性讨论的结果，而是意见领袖作用于人们惧怕孤立的心理，迫使人们对优势意见采取趋同行动的过程。

在面对有争议的话题时，人们会形成关于身边"意见气候"的认识，并判断自己的意见是否属于"多数意见"。当人们觉得自己的观点属于"多数"或"优势"意见时，会倾向于大胆表达；而当意识到自己的观点属于"少数"或"劣势"意见时，可能会选择保持沉默。这种循环会形成一方意见越来越强大、另一方越来越沉默的螺旋式过程。

在网络环境中，一些人可能通过自我呈现、夸大或隐瞒某些信息、制造谣言、恶意评论等方式来塑造一个符合自己意图的"意见气候"。这种现象在网络舆情中尤为突出，一些人可能通过操纵信息、制造话题、煽动情绪等方式来影响公众意见。现举例说明如何在舆情处置过程中避免沉默的螺旋：

例

董宇辉是东方甄选直播间的一位主播，以其独特的双语讲解和才华吸引了大量粉丝。他在直播间中不仅销售产品，还经常分享一些有关人生、知识和哲理的内容，引起观众的共鸣和思考。最近，董宇辉在直播间中卖大米时引发了广泛关注。他不仅讲述了大米的种植过程和相关知识，还引用了苏轼的诗句来形容大米的口感和味道。这种将产品销售与文化内涵相结合的方式，让观众在购买大米的同时也获得了更多的文化体验和思考。董宇辉在直播带货中的成功，可以为我们提供在舆情处置过程中避免沉默的螺旋的启示。

开放和多元的交流方式：董宇辉在直播中与观众进

行互动，回答问题，分享见解，这种开放和多元的交流方式使不同声音得以表达，避免了单一声音的压制。这启示我们在舆情处置过程中，应鼓励多元声音的充分表达，提供公平的讨论平台，让不同意见得以展现。

积极回应和解决公众关切：董宇辉对于观众的问题和关切进行积极的回应和解决，使观众感受到自己的观点被重视和解决。这启示我们在舆情处置过程中，对于公众的质疑和关切，应给予积极的回应和解决方案；避免忽视或压制不同声音。

提供全面和客观的信息：董宇辉在直播中不仅介绍产品，还分享相关知识，这种全面和客观的信息提供使观众能够全面了解产品，避免了片面信息的误导。这启示我们在舆情处置过程中，应提供全面和客观的信息，避免只报道一种声音或观点，以避免片面信息的扩散。

提升公众的媒介素养：董宇辉的直播内容丰富，语言生动有趣，吸引了大量观众。这启示我们在舆情处置过程中，应提高公众的媒介素养，培养他们理性思考和辨别信息的能力，以避免被片面或虚假信息误导。

尊重和保护言论自由：在董宇辉的直播中，观众可以自由发表观点和提问，这种尊重和保护言论自由的环境使观众更愿意参与讨论。这启示我们在舆情处置过程中，应尊重和保护言论自由，允许不同声音的存在，以促进公正和平等的舆论环境。

通过实施以上措施，我们可以避免沉默的螺旋现象的发生，促进舆情处置工作的顺利开展。同时，公众也能够理性地参与讨论，发表自己的观点和看法，共同促进社会的进步和发展。

(二) 舆论压力与意见压制

舆论压力是指公众的意见和言论对某人或某件事产生的影响力，这种影响力可以带来一种无形的压力，迫使相关方采取行动或者改变态度。在许多情况下，尤其是当涉及公共利益或道德议题时，舆论的力量可以对决策者或其他关键角色施加压力，促使他们考虑公众的看法和意愿。舆论压力可以通过媒体报道、社交网络、论坛等途径形成，并可能影响人们的购买行为、支持立场、抵制措施等。

意见压制是指某些个体或团体通过压制、限制其他人的言论或意见来维护自己的立场或利益。意见压制通常是通过控制媒体、操纵舆论、限制言论自由等方式来实现的。这种行为可能导致某些意见或观点被忽略或排除，从而影响公正和民主的讨论环境。

舆论压力和意见压制都涉及公众意见和言论的影响力，但两者存在明显的区别。舆论压力是由公众自发的意见和言论产生的，是正常的社会现象，只要不影响他人的合法权益，就是合法的。而意见压制则是通过不正当手段限制他人的言论或意见，是不合法的。

在舆情处置过程中，舆论压力和意见压制的表现如下：

舆论压力表现为公众的意见和言论对企业或个人产生的无形压力。当企业或个人面临负面舆情时，舆论压力可能会影响其声誉、形象和业务，导致品牌形象受损、股价波动、消费者流失等。为了应对这种压力，企业或个人需要采取积极的措施应对舆情，如及时回应质疑、澄清谣言、修复形象等。

意见压制表现为某些个体或团体为了维护自己的立场或利益，通过控制媒体、操纵舆论、限制言论自由等方式来压制其他人的言论或意见。这种行为可能导致某些意见或观点被忽略或排除，从而影响公正和民主的讨论环境。在舆情处置过程中，应该尊重公众的言论自由，鼓励多元声音的充分表达，避免被意见压制的行为。

如何避免舆情处置过程中的舆论压力和意见压制，现举例说明如下：

例

网络上出现的"团队小作文事件"始于2023年底，某企业在其账号上发布了一段有关该企业商业活动的预热视频，并置顶了"宣传文案出自谁手"的解答评论，称经典小作文多数由文案团队创作，并非全部出自该企业网红主播之手。此言一出，不少网友质疑："为什么要否认该主播为该企业作出的贡献？"引发了该主播粉丝和该企业的博弈。十几天后，该主播被任命为某集团的副总裁。随后，该企业置顶评论的非执行董事辞职离开该企业。在这一事件的发酵过程中，可采取以下措施：

建立双向沟通渠道：在舆情处置过程中，建立双向沟通渠道是至关重要的。该主播和团队应该积极与公众进行对话，不仅回应公众的质疑和关切，更要主动了解他们的需求和期望。双向沟通，可以增强信息的透明度和准确性，减少误解和误导，从而减轻舆论压力。

以人为本，尊重个体：舆情处置应以个体为基础，尊重每个人的观点和感受。该主播和团队应该关注每个公众的声音，尊重他们的意见和情感。以人为本的态度可以赢得公众的信任和支持，减少意见压制的现象。

强化情感共鸣：在舆情处置过程中，强化情感共鸣是缓解舆论压力的有效手段。该主播和团队可以通过分享亲身经历、表达同理心等方式与公众建立情感联系。情感共鸣可以拉近与公众的距离，增强彼此的理解和认同，从而减轻舆论压力。

创新回应方式：面对舆情，除了传统的回应方式，该主播和团队还可以尝试创新的方式。例如，通过创意短视频、直播互动等形式与公众进行交流，以更生动、有趣的方式传递信息、回应关切。创新的回应方式可以吸引公众的注意力，增强回应的传播效果，有效减轻舆论压力。

培养危机意识：为了避免舆情处置过程中的舆论压力和意见压制，培养危机意识是必要的。该主播和团队应该时刻关注舆情动态，对可能出现的危机进行预警和预防。通过培养危机意识，可以提前做好应对准备，减少危机发生时的恐慌和混乱，从而更好地应对舆论压力。

（三）社会规范与群体压力对个体行为的影响

引导个体行为：社会规范为个体提供了行为的标准和框架，告诉人们什么是适当的、什么是不适当的。个体在成长过程中逐渐习得这些规范，并内化为自己的行为准则。当个体面临行动选择时，社会规范会起到指导作用，影响个体做出符合社会期望的行为。

约束个体行为：社会规范的存在意味着违反规范的行为可能受到某种形式的惩罚或制裁。这种潜在的惩罚和制裁对个体产生一种约束力，使个体在行动时有所顾忌，避免做出不符合社会期望的行为。

群体压力：当个体置身于一个群体中时，他往往会感受到来自群体的压力。这种压力促使个体在行为上与群体保持一致，以获得群体的认可和接受。群体压力可以克服个体的不从众倾向，确保群体的凝聚力和统一性。

社会认同：个体在成长过程中逐渐形成对自己所属群体的认同，这种认同会影响个体的行为。个体倾向于按照所属群体的社会规范和价值观来行事，以证明自己属于这个群体。通过遵守社会规范和群体压力，个体可以获得社会的认同和归属感。

潜意识影响：社会规范和群体压力有时会在个体的潜意识层面发挥作用。个体可能没有意识到这些影响的存在，但它们确实在无形中塑造着个体的行为。例如，在某些文化中，谦虚被视为一种美德，这种社会规范可能影响个体的言行举止，即使他们没有意识到这一点。

综上所述，社会规范和群体压力对个体行为的影响是深远的。

它们通过引导、约束、认同和潜意识等途径塑造个体的行为，使个体的行为与社会期望保持一致。然而，个体并非完全被动地接受这些影响，他们也可以通过自我反省和批判性思考来审视和调整自己的行为。

当面临舆情事件"于欢刺死辱母者案"时，对于如何避免社会规范和群体压力对个体行为的影响，可以从以下几个方面进行解释：

建立公正的社会规范与法律体系

明确法律界限：清晰明确的法律可以为公众提供行为指南，让每个人知道什么是可以做的，什么是不可以做的。明确的法律界限能够减少个体行为的模糊性和不确定性，从而减少因误解或混淆而产生的行为问题。

公正执法：当法律被公正地执行时，个体更有可能遵守它，而不是因为对法律的不信任而产生抵抗心理。公正执法能够增加个体对法律的信任感，从而提高个体行为的合规性。

法律教育与宣传：通过持续的法律教育与宣传活动，提高公众的法律意识和素养。使公众了解法律的目的和价值，理解遵守法律的重要性，从而形成自觉守法的意识。

教育和宣传的作用

价值观引导：教育和宣传在个体行为的形成过程中起着至关重要的作用。教育和宣传，可以引导个体树立正确的价值观和行为准则，形成积极向上的道德观念和社会责任感。

增强法律意识：教育和宣传还可以增强公众的法律意识，使他们明白自己的权利和义务。了解法律对于维护社会秩序和保护个人权益的重要性，从而提高个体行为的合规性。

心理健康与情绪管理：教育和宣传也应包括心理健康与情绪管理方面的内容。帮助个体学会应对压力、处理冲突和保持冷静的心态。通过提供心理支持和辅导，减少因情绪波动而产生的行为问题。

鼓励多元化的声音和观点

提供平台：政府和媒体应该为不同的声音提供平台，让公众可以听到不同的观点和意见。这样可以促进信息的交流和思想的碰撞，增加信息的多样性和全面性。

促进交流与理解：多元化的声音和观点的交流，可以促进不同群体之间的相互理解。了解不同群体的立场和诉求，增进相互之间的认同和妥协，从而减少误解和冲突。

培养批判性思维：鼓励个体培养批判性思维，学会独立思考和自主判断。不被片面或虚假信息左右，能够辨别是非曲直。通过培养批判性思维，个体能够更好地应对复杂多变的舆情环境。

建立有效的舆情应对机制

及时反馈与提高透明度：政府和相关机构应及时回应公众的质疑和关切，提供准确的信息和解释。保持透明度，让公众了解事件的进展和处理情况。这样可以重建公众的信任，减少舆情危机。

危机管理与应对策略：建立有效的危机管理和应对策略，确保在舆情事件发生时能够迅速做出反应。制订应急预案，调动资源，协调各方面力量共同应对危机。同时，要保持冷静客观的态度，避免因恐慌而做出过激的反应。

培养个体的批判性思维与独立性

独立思考能力：教育应该注重培养个体的独立思考能力。通过提供开放式的问题和案例分析，鼓励个体从多个角度思考问题，不轻易接受表面现象或被单一观点左右。培养批判性思维能够帮助个体在面对舆情时更加理性客观地分析和判断。

增强信息辨别能力：在信息爆炸的时代，个体需要具备辨别信息真伪的能力。教育应教授个体如何筛选、分析和评估信息来源的可靠性、内容真实性和观点立场的中立性。通过提高信息辨别能力，个体能够更好地抵御虚假信息的干扰和误导。

重视个体权益与情感支持

提供心理支持：在舆情事件中受到影响的个体可能需要心理支持。提供适当的心理咨询和支持系统可以帮助他们释放情绪、缓解压力、重建心理平衡。心理支持可以来自专业机构、志愿者组织或亲朋好友的支持网络。

尊重个体选择与权利：尊重个体的选择和权利是避免群体压力对个体行为产生不良影响的关键。在面对舆情时，应尊重个体的意愿和决定，不强迫他们做出违心或不符合自身价值观的行为。同时，要保护个体的隐私和个人信息不被滥用或泄露。

利用现代技术工具

实时监测与分析：利用大数据、人工智能等现代技术工具对舆情进行实时监测和分析。通过数据挖掘和分析，了解公众的情绪、态度和行为模式的变化趋势。这有助于及时发现潜在的舆情风险并采取应对措施。

虚拟交流平台：利用社交媒体、在线论坛等虚拟交流平台促进公众之间的互动和讨论。这些平台为公众提供了表达意见、交流观点的平台，有助于信息的传播和汇聚。同时，要加强对虚拟交流平台的监管和管理，防止虚假信息和恶意言论的传播。

倡导包容性和同理心

倡导多元文化价值观：在社会中倡导多元文化价值观，尊重不同群体的观点和生活方式。通过教育和宣传培养公众的同理心和社会责任感。倡导包容性和同理心有助于减少群体间的冲突和误解，促进社会和谐与进步。

促进对话与理解：鼓励不同群体之间进行对话和交流，增进相互理解和尊重。通过对话与沟通，了解彼此的需求、关切和立场，寻找共同点并寻求妥协与合作的可能性。这样有助于减少群体间的对立与冲突，促进共识与合作。

建立健全反馈机制

收集公众意见：通过调查问卷、在线投票等方式收集公众对舆情事件的意见和建议。了解公众的需求和期望有助于更好地应对舆情并做出正确的决策。同时，要确保反馈渠道的畅通性和便捷性，让公众能够自由表达意见而不受限制或阻碍。

及时反馈处理结果：对于收集到的公众意见和建议，应及时反馈处理结果和改进措施。让公众知道自己的声音被重视和采纳，从而提高参与感和信任感。建立健全反馈机制能够增强政府与公众之间的互动与合作，促进民主参与和社会进步。

（四）权威效应与专家信任在舆论形成中的作用

权威效应，又称为权威暗示效应，是指一个人如果地位高、有威信、受人敬重，那么他所说的话及所做的事就容易引起别人的重视，并让别人相信其正确性。这种现象普遍存在于人类社会中，并有着重要的影响。

引导舆论方向：权威人士或专家因其具有的专业知识和地位，往往能够引导公众的注意力，使人们更加关注某些特定的话题或观点。他们的言论和行为对于舆论的形成具有重要影响。

影响个体态度和行为：人们往往会对权威人士或专家的意见产生信任和认同，从而在个人态度和行为上产生影响。这种影响可能是积极的，也可能是消极的，取决于权威人士或专家的观点是否被公众接受和认可。

强化群体规范：权威人士或专家所倡导的价值观和行为准则，可能会被群体所接受和遵循，从而成为群体规范的一部分。这种规范的形成有助于维护群体的稳定性和一致性。

促进信息传播：权威人士或专家因其具有的威望和信誉，往往能够更有效地传播信息和观念。他们的存在也有助于增加信息的可靠性和可信度，减少传播中的噪声和干扰。

因此，在舆论形成过程中，权威效应和专家信任具有重要影响。这种影响可能是正面的，也可能引发负面的效果。在引导舆论时，需要特别注意权威人士或专家的言论和行为可能带来的负面影响，并采取相应措施加以应对。

比如某地街拍事件：某企业高管和某女牵手逛街被街拍并在网络迅速传播。之后，该高管被该企业罢免了职务。而就在大家都在为该企业不护短、及时果断处理点赞时候，某专家站出来发声，要求请立即恢复该高管的职务，并且配文表示街拍者对当事人造成了严重的负面影响。该专家的言论，引发了网友和股东的强烈不满和反对。

该专家发言事件是一个典型的舆情处置案例，其中权威效应与专家信任在舆论形成中发挥了重要作用。对于这一事件，可以从以下几个方面来认识权威效应与专家信任在舆论形成中的作用：

首先，权威效应和专家信任对于舆论的影响力是显著的。在该专家发言事件中，由于涉及的议题与社会敏感问题密切相关，公众对于权威和专家的观点和意见极为关注。在这种情况下，权威和专家的表态往往能够引发大量的关注和讨论，进而影响舆论的走势。如果权威和专家的观点与公众的认知和价值观相符，会增强公众对舆论的认同感和支持度；反之，则会引发疑问和反对，甚至导致舆情事件的进一步发酵。

其次，权威效应和专家信任对于信息传播的有效性具有关键作用。在该专家发言事件中，由于涉及的议题复杂、专业性强，公众往往需要权威人士和专家的解读与判断来获取准确的信息。权威人士和专家的发声不仅能够增加信息的权威性和可信度，还能够减少谣言和误导的传播。同时，权威人士和专家的信息传播方式也会影响公众的接受程度。如果权威人士和专家能够以客观、公正、易懂的方式进行传播，将更有可能获得公众的理解和支持。

　　然而，也要警惕权威效应和专家信任可能带来的负面影响。一方面，如果权威和专家在信息传播中存在偏见或失误，可能会误导公众，加剧舆情事件的复杂性。另一方面，一些不负责任的媒体或个人可能会利用权威人士和专家的声誉进行炒作或造谣，造成不良的社会影响。因此，在舆情处置过程中，需要加强对权威和专家的监管和管理，确保他们能够以客观、公正、理性的态度参与舆论的讨论和引导。

综上所述，在舆情处置过程中，要充分认识权威效应与专家信任在舆论形成中的作用。既要发挥权威人士和专家的积极作用，提高信息传播的有效性和可信度，又要防范可能带来的负面影响，加强对舆情的监管和管理。同时，公众也要保持理性、审慎的态度，不盲目相信或怀疑权威人士和专家的观点，以自己的判断力和批判性思维来应对复杂的舆情环境。

（五）网络舆论极端化现象的心理机制

网络舆论极端化现象的心理机制是指个体或群体在参与网络讨论时，由于受到特定心理因素的影响，倾向于持有极端立场或观点的现象。这种现象的心理机制主要包括以下几个方面：

群体极化：指在群体讨论中，个体的观点和立场往往会因为受到群体中其他成员的影响而变得更加极端。这可能是因为在群体讨论中，个体为了获得其他成员的认同和支持，往往会强化自己的观点，甚至在讨论过程中逐渐偏离事实真相。

认知失调：当个体面临两种或多种相互矛盾的观点或价值观时，会产生认知失调的现象。为了减轻这种不舒适感，个体往往会选择更加极端的立场或观点，以减少失调感。

情绪驱动：情绪对个体行为的影响不可忽视。当个体处于愤怒、焦虑等负面情绪状态下时，往往更容易产生攻击性言论或行为，导致网络舆论的极端化。

信息筛选和认知偏误：个体在获取和解读信息时，往往会根据自己的立场和观点进行筛选和解释，导致信息失真或被曲解。这种认知偏误进一步影响了个体的判断力和行为，促进了网络舆论的极端化。

社会比较和认同需求：个体在社交媒体上往往会通过展示自己的观点和立场来获得他人的认同和支持。为了凸显自己的独特性和价值感，个体有时会选择更加极端的言论或行为，以吸引关注和点赞。

综上所述，网络舆论极端化现象的心理机制是复杂的，受到多种心理因素的影响。

例

网络舆论极端化现象的舆情案例很多，如某地公交车坠江事件。事故原因系乘客与司机激烈争执互殴致车辆失控。媒体和网民对这一事件的看法和立场呈现极端化趋势，一方面是对女乘客的谴责和声讨，另一方面是对司机和乘客的同情和辩护。我们以此为例展开说明：

信息透明与准确：

及时发布：在事件发生后，政府相关部门应迅速发布初步调查结果、救援进展等信息，满足公众的知情权。

准确信息：确保所发布的信息是经过核实和准确的，避免传播谣言或误导公众。

持续更新：随着事件的发展，相关部门应持续更新相关信息，使公众了解最新进展。

媒体引导与监管：

媒体责任：媒体有义务报道全面、中立和准确的事件情况，避免过度渲染或偏颇的报道。

监管机制：政府应建立有效的网络监管机制，及时发现和删除极端或虚假言论。

法律法规：制定相关法律法规，对故意传播虚假信息或煽动极端言论的行为进行法律制裁。

公众参与与表达：

倡导理性讨论：鼓励公众在社交媒体上理性发表观点，避免盲目跟风或极端言论。

设立举报机制：建立举报机制，鼓励公众举报极端言论和行为。

教育公众：通过公共教育活动提高公众的媒介素养，使他们能够辨别真假信息和理性思考。

意见领袖的参与：

与意见领袖沟通：与有影响力的意见领袖建立沟通

渠道，引导他们传播理性观点。

平台合作：与主流媒体和社交平台合作，共同打击极端言论和虚假信息的传播。

增强互动：组织线上或线下的公开对话活动，让意见领袖与公众直接交流，增进理解与信任。

反馈与问题解决：

公众调查：定期进行公众调查，了解他们对事件的看法和需求，以便更好地调整应对策略。

积极解决问题：对于事件中暴露出的问题，政府应积极解决，如加强公共交通的安全管理措施。

反馈渠道：设立专门的反馈渠道，让公众可以轻松地提交他们对事件的看法和建议。

综上所述，为避免网络舆论极端化，这五个方面的工作是相辅相成的。政府、媒体、公众和意见领袖需要共同努力，确保信息流通畅通、报道客观中立、公众表达理性、问题得到解决。同时，对于极端言论和行为的监管与制止也是必不可少的。

八、心理防御机制与逃避行为

（一）心理防御机制

心理防御机制是指个体面临挫折或冲突的紧张情境时，在其内部心理活动中具有的自觉或不自觉地解脱烦恼，减轻内心不安，以恢复心理平衡与稳定的一种适应性倾向。这种机制能帮助个体适应外部环境，缓解内心压力，保持心理稳定。

心理防御机制有多种形式，以下列举几种常见的心理防御机制：

压抑：个体将一些自我所不能接受或具有威胁性、痛苦的经验及冲动，在不知不觉中从个体的意识中排除抑制到潜意识中去。

隔离：把部分的事实从意识境界中加以隔离，不让自己意识到，以免引起精神上的不愉快。

合理化：个体无意识地用似乎合理的解释为难以接受的情感、行为、动机辩护，以使其可以接受。

否认：个体拒绝接受不愉快的现实或事实，认为它们从未发生过。

投射：个体将自己的感受、欲望或态度归因于他人或他物。

此外，心理防御机制还有很多其他形式，如反向作用、倒退、升华等。这些机制在个体的心理活动中起着重要的作用，但过度使用或不适当使用可能会导致心理问题的产生。

我们以某明星吸毒事件为例进行分析，某明星被曝出吸毒，引发公众舆论哗然。一些粉丝在面对这一负面新闻时，可能会采取心理防御机制。他们可能会选择性地忽略或否认这一事实，认为这是谣言或误解，而不是接受他们所爱的明星竟然做出这样的行为。他们可能会在社交媒体上发起反击，攻击报道这一消息的媒体或个人，甚至为明星的错误行为辩护。这种否认和拒绝接受现实的心理防御机制，可能导致粉丝对真相视而不见，长期处于自我欺骗的状态。在某明星吸毒事件的舆情处置中，要解决心理防御机制带来的问题，主要是要平衡和理性地引导公众的情绪和认知。具体来说，可以采取以下策略：

提供准确信息：及时并准确地发布关于明星吸毒事件的官方信息或调查结果，避免信息的不对称导致公众误解或盲目猜测。这样可以降低公众采用心理防御机制（如否认或合理化）的倾向。

教育和指导：通过媒体和社交平台，普及关于毒品危害和法律后果的知识，提高公众的认识，使其更加理性地看待这一事件。

倾听与沟通：邀请心理专家参与舆情处置，与公众进行对话和沟通。这样可以理解他们的情感和担忧，并引导他们以更健康的方式表达意见和观点。

建立反馈机制：设立专门的反馈渠道，鼓励公众提出对事件的看法和建议。这样可以及时了解公众的态度，调整舆情应对策略。

平衡的价值观倡导：强调个人成长、健康和平衡的重要性，鼓励公众关注积极、健康的生活方式。通过教育和宣传活动，引导公众树立正确的人生观和价值观。

在处理舆情时，理解并解决公众的心理防御机制是非常重要的。这有助于促进公众理性思考、健康表达，维护社会稳定和谐。

上述措施的综合运用，可以在舆情处置中有效地解决心理防御机制带来的问题。

（二）逃避行为与自我安慰

逃避行为通常是指为了避免不愉快或困难的情况而采取的行动，这种行为可能包括避免面对问题、转移注意力、寻找借口、拖延等。自我安慰则是指通过一些积极的方式缓解内心的压力和焦虑，如寻找积极的证据、自我肯定、想象成功等。

在某些情况下，逃避行为和自我安慰可能都会起到一定的作用，帮助人们暂时缓解不愉快的感觉或避免困难的情况。但是，过度依赖逃避行为和自我安慰可能导致问题变得更加严重，甚至引发更多的心理问题。

例如，如果一个人总是逃避自己面对的问题或困难，那么这些问题或困难可能会变得越来越严重，最终导致更大的问题。同样地，如果一个人总是通过自我安慰来缓解内心的焦虑和压力，而不是积极地解决问题，那么这种焦虑和压力可能变得越来越强烈，最终导致心理问题。

因此，适度的逃避行为和自我安慰是可以的，但过度依赖这些行为可能对个人的心理健康造成负面影响。当出现过度依赖逃避行为和自我安慰的情况时，建议寻求专业的心理咨询或治疗。在舆情处置过程中，逃避行为和自我安慰的表现可能包括以下几个方面：

逃避责任：一些组织或个人在面对舆情时，可能采取逃避责任的态度，试图把责任推给别人或转移注意力。这种行为可能导致公众对组织的信任度降低，舆情进一步恶化。

隐瞒事实： 为了维护组织的形象或避免引起恐慌，一些组织可能选择隐瞒事实或延迟公布信息。这种行为可能导致信息不透明，引发公众的不满和猜测。

转移焦点： 在面对舆情时，一些组织或个人可能采取转移焦点的策略，通过发布无关紧要的信息或攻击他人转移公众的注意力。这种行为可能掩盖真正的问题，使舆情难以得到解决。

自我安慰： 在面对舆情时，一些个人可能采取自我安慰的态度，通过寻找积极的证据或自我肯定来缓解内心的压力和焦虑。这种行为可能使个人无法客观地看待问题，错过解决问题的机会。

在舆情处置过程中，应该采取积极的态度和措施应对舆情，及时公开透明地与公众沟通，解决问题和化解矛盾。逃避行为和自我安慰只会加剧舆情恶化，损害组织的形象和公众的信任。以下是一个民生方面的关于逃避行为与自我安慰的典型舆情案例：

例

某城市发生了一起大规模的食品安全问题，涉及当地一家知名的食品企业。在面对舆情时，该企业选择否认问题并试图转移公众的注意力，并发布了一些不实信息或指责媒体故意抹黑自己。同时，该企业也采取了一些自我安慰的措施，认为这只是个别事件，不必过分担心。然而，这种逃避责任和自我安慰的行为引发了公众的不满和疑问，导致舆情进一步升级。最终，该企业形象严重受损，市场份额大幅下降。

当一个企业面临民生方面的舆情危机时，如何全面且有创新地处理是一个挑战。以下是对上述案例中企业处置方式的改进建议：

快速响应：当食品安全问题被曝光时，企业应迅速成立危机应对小组，并在第一时间通过官方渠道发布声明，承认问题，表达对公众的关切和歉意。

透明沟通：企业应主动公开生产流程和供应链，邀请第三方进行独立的调查，并将调查结果及时向公众公布。同时，企业应积极回应媒体和公众的质疑，不回避问题，而是坦诚地解释情况。

补救措施：除了道歉和解释，企业还应采取具体的补救措施，如召回问题产品、补偿受害者、改善生产流程等。这些行动可以让公众看到企业解决问题的决心和实际行动。

修复形象：在问题解决后，企业可以通过一系列公关活动来修复形象，如公开道歉会、媒体专访、社会责任项目等。这些活动可以展示企业的诚意和改进的努力。

长期预防：最重要的是，企业应从这次危机中吸取教训，对生产和质量进行长期的监控。这包括加强内部培训、优化质量管理体系、提高供应链管理水平等。

创新技术应用：考虑引入新的技术手段，如利用大数据和人工智能进行舆情监控、产品质量追溯等，以更好地预防类似问题再次发生。

合作与学习：与其他企业或行业协会建立合作关系，

共同研究和改进技术和管理方法。同时，积极参加相关的培训和研讨会，保持与时俱进的管理理念。

通过以上方式，企业不仅能够妥善处理当前的舆情危机，还能够提升品牌形象和信誉度，为未来的发展奠定坚实的基础。

（三）自尊心与自我肯定的心理机制

自尊心是指个人对自己价值和能力的感受和评价，是一种主观的评价，取决于个体的个人价值观和信念。自我肯定则是指个体能够面对挑战和困难，并相信自己有能力克服它们，它更多地强调个体在特定领域的能力和成功。

在心理机制上，自尊心是一种情感体验，表现为个体对自己充满信心和尊重，不容许别人侮辱和歧视。自尊心的高低通常与一个人的成长环境、社会交往、自我意识、自我评价等因素有关。维护自尊心的健康是非常重要的，因为过高或过低的自尊心都可能会对个人的发展和幸福产生不利影响。

自我肯定的心理机制则是个体在面对挑战和困难时能够树立起对自己能力的信心，从而更好地应对困难和挑战。自我肯定不仅涉及个体对自己的能力和成就的评价，还涉及个体在特定领域的能力和成功。自我肯定有助于个体在面对失败和挫折时保持尊严和自尊心，提供了一种保护机制。

总的来说，自尊心和自我肯定都是个体对自己的一种认知和评价，它们在个体的心理发展中起着重要的作用。在舆情处置中，自尊心和自我肯定的心理机制的具体表现如下：

自尊心：在面对舆情时，个人或组织的自尊心可能会导致他们不愿意承认错误或负面的舆论评价。他们可能试图维护自己的形象和尊严，通过否认、辩解或攻击的方式应对舆情。这种行为可能加剧舆情恶化，损害个人或组织的信誉和形象。

自我肯定：在舆情处置中，自我肯定表现为个人或组织能够理性面对舆情，对自己的能力和价值有信心，并勇于承担责任。他们不会因为负面的舆论评价而过分受挫或自我否定，而是积极寻找解决问题的方法，通过实际行动来证明自己的能力和价值。这种自我肯定的态度有助于个人或组织赢得公众的信任和支持，有效应对舆情。

在舆情处置中，自尊心和自我肯定的心理机制是一把"双刃剑"。适度的自尊心可以激发个人或组织的积极性和动力，但过度的自尊心可能导致他们过于敏感和脆弱，容易受到舆情的冲击。而自我肯定则是一种积极的应对态度，能够帮助个人或组织在面对舆情时保持冷静和理性，有效化解危机。

某国际知名品牌因为产品缺陷问题引发了公众的广泛关注和质疑。一开始，该品牌表现出强烈的自尊心，不愿意承认错误，试图通过公关手段转移公众的注意力。他们发布了一些否认产品质量问题的声明，试图维护品牌的形象和尊严。然而，这种行为并没有解决问题，反而加剧了舆情的恶化，导致品牌形象严重受损。

随着舆情的不断升级，该品牌开始意识到自我肯定

的重要性。他们采取了一系列积极的措施来应对舆情，
包括以下几个方面：

诚恳道歉：该品牌发布了一份诚恳的道歉声明，承
认问题的存在，并向公众道歉。他们表达了对受害者的
关心和歉意，并承诺采取积极的措施来解决这个问题。

积极沟通：该品牌积极与公众沟通，通过媒体、社
交媒体等渠道向公众解释问题的情况和原因。他们开放
地接受媒体的采访和报道，不回避问题，而是诚实地回
应公众的质疑和关切。

采取补救措施：该品牌采取了一系列补救措施来解
决问题，包括召回问题产品、补偿受害者等。他们还加
强了产品质量控制和生产流程的监管，以防止类似问题
再次发生。

公开透明：该品牌公开透明地向公众发布信息，包
括问题产品的数量、分布情况、处理进展等。他们还邀
请第三方机构进行调查和监督，以确保问题得到妥善
解决。

通过这些自我肯定的方式，该品牌成功地化解了舆情危机，
并提升了品牌的形象和声誉。他们以实际行动证明了自我肯定的
力量，并为其他品牌提供了借鉴和启示。同时，这个案例也表明
了适度的自尊心可以激发品牌的动力和积极性，但过度的自尊心
可能导致品牌过于敏感和脆弱，容易受到舆情的冲击。因此，在
舆情处置中，个人或组织需要适度调整自己的心理机制，以更好

地应对舆情挑战。

（四）心理抗拒与逆反心理在防御反应中的作用

心理抗拒和逆反心理在防御反应中扮演着重要的角色。它们可以被视为个体或群体为了保护自我价值和利益而对外界干预所产生的抵抗和反感情绪。

心理抗拒是指个体或群体对于外部压力、限制或控制所产生的一种内在反感和抵抗情绪。这种情绪通常出现在个体或群体的自由受到威胁或限制时，他们会采取一系列的防御机制来保护自己的利益和价值观。心理抗拒可以表现为对外部干预的直接反抗、逃避、抵制或忽略等行为，也可以表现为内心的焦虑、不安和紧张等情绪反应。

逆反心理是心理抗拒的一种表现形式，它通常出现在个体或群体的自我价值受到挑战时。逆反心理可以表现为对外部干预的反抗、抵触、不合作或挑衅等行为，也可以表现为内心的反感、抵触和不满等情绪反应。逆反心理可以帮助个体或群体维护自己的自尊心和自我价值感，同时也可以向外界传达他们的独立性和自主性。

在防御反应中，心理抗拒和逆反心理的作用是复杂的。一方面，它们可以帮助个体或群体保护自己的利益和价值观，防止自己受到伤害；另一方面，如果过度使用心理抗拒和逆反心理，会导致个体或群体无法适应外部环境和社会要求，从而产生更多的心理和行为问题。

因此，对于心理抗拒和逆反心理在防御反应中的作用，需要辩证地看待。在某些情况下，适度的心理抗拒和逆反心理可以帮助个体或群体保持独立性和自主性；但在另一些情况下，过度的心理抗拒和逆反心理可能会阻碍个体或群体的成长和发展。在舆情处置过程中，心理抗拒和逆反心理在防御反应中的作用主要表现为以下几个方面：

对抗性：即传播效果不仅是零效果，甚至是负效果。受众在接触舆情传播后，可能会与传播者和传播内容产生较为显著的心理失衡，形成心理对抗，采取"对着干"的态度。

情感性：即形成逆反心理的主要因素是情感成分，次要因素是认知成分。表现为不满、抵触、对立等情绪激烈的心理现象。

延续性：即受众的逆反心理形成一种思维定式后，对后续相关和类似的传播者、传播内容和传播方式都会在评价、情感和行为上产生逆反心理。

校园霸凌事件是心理抗拒与逆反心理在防御反应中的作用的典型舆情案例。小明是某中学的一名初中生，由于他肥胖的身体和较弱的性格，经常成为班上同学的笑柄和欺负的对象。同学们经常取笑他的外表，甚至故意在他的书本上乱涂乱画。小明内心深处对此感到非常痛苦和无助，但他不敢告诉老师或家长。

随着时间的推移，小明的逆反心理逐渐增强。他开始对同学们的嘲笑和欺负进行反击。他不再选择沉默和忍受，而是开始反抗和抵抗。他开始与那些欺负他的同学发生冲突，甚至有一次他拿起铅笔盒反击了一个故意挑衅他的同学。

在校园霸凌事件中，心理抗拒和逆反心理在防御反应中的作用主要体现在受害者的心理特点上。

首先，受害者可能会因为被欺凌而产生自卑感。由于经常遭受欺凌，他们的自尊心和自信心可能会受到严重打击，导致他们认为自己很差劲，不配得到别人的尊重和关注，进一步加重了他们的心理负担。

其次，受害者可能会感到焦虑和孤独。由于不知道下一次被欺凌会发生在什么时候，以及欺凌的形式和程度，这会让他们处于一种紧张的状态。长期处于这种状态下，他们可能会感到疲惫不堪，从而产生焦虑。同时，由于经常被欺凌，他们可能会觉得自己很孤立，没有人愿意和自己交往，这种孤独感会让他们感到无助和无望，从而加重了他们的心理负担。

最后，受害者还可能产生抑郁和自闭的情绪。长期受到欺凌，他们可能会产生抑郁，对生活失去希望和乐趣。有些受害者甚至可能会因为受到欺凌而选择自闭，避免与他人交流和接触。

心理抗拒和逆反心理也可能在某些情况下出现。例如，受害者可能会因为受到不公正的待遇而产生对抗和反感情绪，不愿意接受外界的帮助和支持。或者在某些情况下，受害者可能会采取一些反抗行为来保护自己，如反击或报复欺凌者。

总的来说，心理抗拒和逆反心理在校园霸凌事件中具有一定的防御反应作用，但需要具体情况具体分析。对于受害者来说，重要的是及时寻求帮助和支持，以便尽快走出阴影并恢复身心健康。

（五）社会比较焦虑与身份追求对逃避行为的影响

社会比较焦虑和身份追求对逃避行为的影响是一个复杂而多维度的概念。以下是对这一概念的深入理解：

社会比较焦虑是指个体在面对社会比较压力时产生的焦虑情绪。当人们将自己与他人进行比较时，如果感觉自己不如他人，就可能会产生这种焦虑情绪。这种焦虑情绪可能会导致个体逃避某些社交场合或活动，以减少与他人比较的机会，从而降低焦虑感。

身份追求是指个体对于自我认同和自我价值的追求。当个体感到自己的身份和价值受到威胁时，可能会采取逃避行为保护自己的自尊心。这种逃避行为可能是为了避免面对自己的不足或失败，从而减少焦虑和压力。

社会比较焦虑和身份追求对逃避行为的影响是相互交织的。当个体感到自己的价值被否定或身份受到威胁时，可能产生更强烈的焦虑情绪，这种焦虑情绪可能导致他们采取更多的逃避行为。例如，当一个人在与他人比较时感到自己不如他人，他们可能选择避免与他人竞争或社交互动，以减少与他人的比较机会，从而降低焦虑感。这种逃避行为可能进一步影响他们的自我认同和自我价值感，使他们更加缺乏自信和自尊心。

在舆情处置过程中，社会比较焦虑和身份追求可能对逃避行为产生一定的影响。

一方面，当公众面临舆情事件时，他们可能将自己与他人进行比较，产生社会比较焦虑。如果感觉自己不如他人，或者自己的身份和价值受到质疑，他们可能会选择逃避相关信息或事件，以减少焦虑感。这种逃避行为可能导致舆情事件的负面影响被放大，甚至引发更大的危机。

另一方面，个体对于自我认同和自我价值的追求也可能影响他们在舆情处置中的行为。如果个体认为自己的身份和价值受到威胁，他们可能采取逃避行为保护自己的自尊心。这种逃避行为可能导致舆情事件的处理难度增加，甚至引发更多的矛盾和冲突。举例说明如下：

例

某高校发生了贫困生救助金事件，受害者是该校的一名学生。该学生在社交媒体上公开了自己的经历，并指出学校和教师在事件中的不作为。这一事件迅速引发了广泛的关注和讨论，许多学生和家长开始表达对学校的不满和质疑。

在这起事件中，一些学生开始将自己与受害者进行比较，认为自己也可能遭受类似的欺凌。这种社会比较焦虑让他们感到不安和恐惧，他们开始避免与他人交流和参与校园活动，以减少类似事件发生在自己身上的可能性。

同时，该高校的身份追求也受到了威胁。这起事件让学校的形象受到了严重损害，其身份追求受到了怀疑。为了保护自己的身份和价值，学校采取了一些逃避行为，如试图掩盖事件或转移公众的注意力。

然而，这些逃避行为并没有解决问题，反而加剧了舆情的恶化。公众对学校的不满情绪进一步上升，对该校的负面评价持续增加。最终，学校不得不承认错误，采取积极的措施解决问题，并与公众进行真诚的沟通。经过一系列的努力，学校逐渐恢复了公众的信任，重新树立了自己的形象和声誉。

这个案例表明了社会比较焦虑和身份追求对逃避行为的影响。当个体面临社会比较压力或身份威胁时，他们可能会采取逃避行为来保护自己的利益和价值。然而，这种逃避行为往往会加剧舆情的恶化，导致更严重的后果。因此，在舆情处置过程中，应该关注社会比较焦虑和身份追求对逃避行为的影响，鼓励个体积极参与解决问题，建立互信关系，以更好地应对舆情事件。

九、总结

当公众面对与自身认知或经验冲突的信息时，他们可能会产生困惑、抵触甚至拒绝接受。这种心理现象导致某些信息在舆情传播中被过滤或忽略，使得舆情呈现出片面或偏激的特点。

情绪在舆情中的传播速度远超过事实本身。当某个事件引发了公众的强烈情绪，这种情绪会像野火一样迅速蔓延，感染越来越多的人。这种情绪感染现象可能导致舆情迅速升温，甚至失控。

人们在群体中讨论时，往往更容易走向极端。这种极端的观点和行为在舆情中可能被放大，导致舆论环境变得越来越极端，缺乏理性和包容性。

沉默的螺旋现象在舆情中很常见。当某些观点或个体受到怀疑或排斥时，持这些观点的人可能会选择沉默，导致舆情中某些声音被淹没。这不仅影响了舆情的多元性，还可能导致真相被掩盖。

固定看法或刻板印象也是影响舆情的重要因素。当公众对某一群体或个体持有固定看法时，他们可能会对与该群体或个体相关的事件产生偏见或误解。这种偏见和误解会影响公众对事件的判断和评价，进而影响舆情的发展方向。

从众心理是另一个不容忽视的心理学现象。在舆情中，当大多数人持某种观点时，个体可能会受到群体压力的影响，放弃自己的判断，跟随大多数人的观点。这种从众心理可能导致舆情失去独立性和批判性，变得单一和盲目。

总的来说，心理学现象对舆情的影响是多方面的，它们相互作用、相互影响，共同塑造着舆情的形成、传播和演变过程。为了更好地理解和应对舆情，我们需要深入研究这些心理学现象，了解它们是如何影响公众的认知、情绪和行为的。只有这样，我们才能更有效地引导和管理舆情，确保其在健康、理性的轨道上发展。

第三节 舆情应急处置中的心理反应概述

一、邓宁-克鲁格效应与能力错觉

能力较差的人往往高估自己的能力，而能力较强的人则倾向于低估自己的能力。这种邓宁-克鲁格效应可能导致公众在舆情中对自己和他人的能力产生错觉和误判。

二、宜家效应与自我劳动价值

人们往往对自己付出劳动的产品或成果给予更高的评价。在舆情中，这种宜家效应可能导致公众更加支持和认同自己参与创建的观点或行动。

三、潘多拉效应与禁止行为吸引

当某些行为被明确禁止时，它们往往变得更加吸引人和有趣。在舆情中，这种潘多拉效应可能导致公众对禁止或受限的信息更加好奇和关注。

四、蔡格尼克记忆效应与未完成事务

人们往往更容易记住未完成或中断的任务，而不是已完成的任务。在舆情中，这种蔡格尼克记忆效应可能导致公众对未解决

的问题或事件持续关注。

五、皮格马利翁效应与期望实现

皮格马利翁效应也称"毕马龙效应""比马龙效应""罗森塔尔效应""期待效应"。当个体对他人持有高期望时，这些期望可能会影响他人的行为和表现，使期望更容易实现。在舆情中，这种皮格马利翁效应可能导致公众的期望影响事件的发展和结果。

六、塔西佗陷阱与信任危机

当公众对某个组织或个体失去信任后，无论他们发表什么言论或采取什么行动，都容易被视为不真实或不可信的。这种塔西佗陷阱可能导致公众对舆情中的信息持怀疑态度。

七、超限效应与信息疲劳

当公众长时间暴露于大量信息中时，他们可能感到信息疲劳，导致对信息的反应减弱或忽视。这种超限效应在舆情中尤为常见，可能导致公众对某些重要信息的忽视。

八、霍桑效应与情绪宣泄

当公众有机会表达自己的情绪和观点时，他们可能感到更加轻松和满意。这种霍桑效应在舆情中表明，提供一个开放的表达平台有助于缓解公众的紧张情绪和不满。

九、巴纳姆效应与普遍性偏见

人们往往容易接受模糊和普遍的描述，并将其应用于自己或他人身上。这种巴纳姆效应可能导致公众对舆情中的模糊信息产生过度解读和自我关联。

十、库里肖夫效应与情境影响

同样的信息在不同的情境下可能会产生不同的解释和反应。这种库里肖夫效应在舆情中表明，公众对信息的解读可能受到周围情境的影响，包括其他信息、社会氛围等。

十一、俄狄浦斯效应与自我预言实现

个体的预期和信念可能影响他们的行为和结果，使预期成为现实。这种俄狄浦斯效应在舆情中可能导致公众的预期影响事件的发展和结果。

十二、飞轮效应与舆情惯性

一旦舆情形成某种趋势或方向，它往往会继续沿着这个方向发展，即使新的信息出现。这种飞轮效应可能导致公众对舆情的过度反应或滞后反应。

十三、瓦伦达心态与压力影响

当个体过于关注自己的表现和他人的评价时，他们可能会感到压力和焦虑，导致表现下降。这种瓦伦达心态在舆情中表明，过度的自我关注和压力可能影响公众的决策和行为。

十四、齐加尼克效应与任务未完成焦虑

当任务没有完成或没有明确的解决方案时，人们可能感到焦虑和不安。这种齐加尼克效应在舆情中可能导致公众对未解决的问题或事件的持续关注和焦虑。

十五、名片效应与相似性吸引

当个体发现与他人有某种相似之处时，他们往往更容易产生好感和信任。在舆情中，这种名片效应表明，公众更容易接受和认同与自己观点相似的信息或个体。这些经典的舆情心理学效应为我们提供了深入了解公众在舆情中的反应和行为的工具。通过认识和应用这些效应，我们可以更有效地管理舆情、引导公众意识、缓解紧张情绪并促进健康的舆论氛围。

十六、鸟笼效应与思维局限

当个体或组织被限制在某种框架或观念中时，他们可能难以突破这种局限，即使新的信息或观点出现。这种鸟笼效应在舆情中可能导致公众的思维僵化和对新观点的抵触。

十七、破窗效应与行为示范

当一种不良行为或违规行为没有得到及时制止时，它可能会引发更多的类似行为。这种破窗效应在舆情中表明，对不良行为的容忍可能导致更多负面舆论和不当行为的产生。

十八、马太效应与强者愈强

在舆情中，已经具有影响力和知名度的个体或观点往往更容易获得更多的关注和支持，而较弱的声音可能被忽视。这种马太效应可能导致舆情中的信息不平衡和权力集中。

十九、鲶鱼效应与竞争刺激

当引入一个新的、具有竞争力的元素时，它可能激发原有元素的活力和反应。在舆情中，新的观点、信息或参与者的出现可能引发更多的讨论和互动。

二十、超限抑制与反应迟钝

当个体长时间暴露于强烈的刺激或压力中时，他们的反应可能逐渐减弱或抑制。这种超限抑制在舆情中可能导致公众对某些重要信息或事件的冷漠或忽视。

二十一、投射效应与自我认知偏差

个体往往将自己的特质、情感或动机投射到他人身上，而忽视他人的真实感受和意图。这种投射效应在舆情中可能导致公众对他人的误解和误判。

二十二、习得性无助与无力感

当个体面对持续的挫折或无法控制的情境时，他们可能感到无助和失去信心。这种习得性无助在舆情中可能导致公众对解决问题的消极态度和无力感。

二十三、酸葡萄效应与自我安慰

当个体无法获得某种渴望的东西时，他们可能对其进行贬低或轻视，以减轻自己的失落感。这种酸葡萄效应在舆情中可能导致公众对无法实现的目标或渴望产生不满和负面情绪。

二十四、甜柠檬效应与自我肯定

当个体所拥有的东西不如他人所期望的那样好时，他们可能过度强调其优点和价值，以维持自我肯定感。这种甜柠檬效应在舆情中可能导致公众对自己或所属群体的过度美化和自我吹嘘。

二十五、晕轮效应与以偏概全

公众往往根据个体的某个突出特征或行为来评价其整体，而忽视其他方面的信息和特质。这种晕轮效应在舆情中可能导致公众对个体或事件的片面评价和误解。

第三章 舆情应急处置心理学实战策略

第一节 舆情应急处置的定义与重要性

一、定义

舆情应急处置是指在公共舆情危机事件发生后，政府、企业或相关组织为了维护公共利益、稳定社会秩序、减少负面影响，而迅速采取的一系列紧急应对措施。这些措施旨在及时、有效地应对舆情危机，防止事态进一步恶化，恢复或重塑公众信任。

舆情应急处置不仅涉及信息发布、舆论引导、情绪安抚等方面，还包括危机预警、应急响应、资源调配、协同合作等多个环节。它是一个综合性的危机管理体系，要求政府、企业或组织具备高度的敏感性、快速响应能力和协调合作能力。

二、重要性

随着互联网的普及和社交媒体的兴起，舆情传播的速度和影响力日益增强。一旦发生舆情危机，如不及时应对，可能导致严重的社会后果。因此，舆情应急处置的重要性不言而喻，它主要体现在以下几个方面：

（一）维护社会稳定

舆情危机往往伴随着公众的不满、恐慌或愤怒情绪，如不及时引导和控制，可能引发社会动荡。通过舆情应急处置，政府或相关组织可以及时了解公众诉求，采取有效措施解决问题，从而化解矛盾，维护社会稳定。

（二）保护品牌形象

对于企业而言，舆情危机可能损害其品牌形象和市场地位。通过舆情应急处置，企业可以迅速回应公众关切，澄清事实真相，防止负面信息进一步扩散，从而保护品牌形象和市场份额。

（三）提升政府公信力

政府是公共服务的提供者和社会管理的主体，其公信力直接影响公众对政府的信任和支持程度。在舆情危机中，政府如能迅速、透明地公开信息，有效解决问题，将有助于提升政府公信力，增强公众对政府的信任感。

（四）引导舆论走向

在舆情危机中，公众往往缺乏足够的信息和判断能力，容易被误导或产生恐慌情绪。通过舆情应急处置，政府或相关组织可以及时发布权威信息，引导舆论走向，防止不实信息和谣言的传播，维护公共利益和社会秩序。

（五）促进民主参与和监督

舆情应急处置不仅是政府或企业的责任，也是公众参与和监督的重要方式。在舆情危机中，公众可以通过各种渠道表达意见和诉求，对政府或企业的行为进行监督。这有助于推动民主参与和监督的发展，促进政府治理的透明化和规范化。

　　舆情应急处置在维护社会稳定、保护品牌形象、提升政府公信力、引导舆论走向以及促进民主参与和监督等方面具有重要意义。然而，舆情应急处置并非易事，它需要政府、企业或相关组织具备高度的敏感性、快速响应能力和协调合作能力。因此，加强舆情应急处置机制建设、提升舆情应对能力是当前亟待解决的重要课题。

第二节　心理学在舆情应急处置中的角色

随着社交媒体的普及和信息的飞速传播，舆情事件在短时间内就能引发广泛的关注和讨论。在这些事件中，公众的情绪、态度和行为都会受到各种因素的影响，而心理学在其中扮演着至关重要的角色。在舆情应急处置中，心理学的应用不仅有助于更好地理解公众的反应，还能为制定有效的应对策略提供科学依据。

一、理解公众心理反应

在舆情事件中，公众的心理反应往往复杂多变。他们可能感到愤怒、焦虑、困惑、失望或恐惧等。这些情绪反应不仅影响他们对事件的看法和态度，还可能引发一系列的行为反应，如抗议、抵制、传播谣言等。心理学通过研究公众的情绪、认知和行为反应，有助于更深入地理解这些反应背后的心理机制和影响因素。例如，公众对某一事件的强烈愤怒可能源于他们对公平正义的渴望和对权力的不信任。通过心理学的研究，我们可以更准确地把握公众的心理需求，为制定有效的应对策略奠定基础。

二、预测舆情发展趋势

心理学还可以通过研究公众的心理特征和行为模式，预测舆情的发展趋势。例如，当公众对某一事件持续关注并表现出强烈的情绪反应时，这可能预示着舆情将进一步升温并可能引发更大的社会影响。相反地，如果公众对事件的关注度逐渐降低，情绪反应趋于平和，则可能意味着舆情将逐渐平息。心理学的预测功能可以帮助应急处置人员提前做好准备，制定相应的应对策略。

三、制定有效的信息传播策略

在舆情应急处置中，信息传播是至关重要的一环。心理学通过研究公众的信息接收和处理机制，可以帮助制定更有效的信息传播策略。例如，公众在接收信息时往往更容易受到情感因素的影响，因此，在传播信息时注重情感表达可能更容易引起公众的共鸣和关注。此外，心理学还可以研究不同群体对信息的偏好和接受方式，为制定更具针对性的信息传播策略提供依据。

四、引导公众情绪和行为

在舆情应急处置中，引导公众情绪和行为是至关重要的。心理学可以通过提供情绪调节策略、行为干预措施等方式，帮助公众更好地应对舆情事件带来的心理压力和负面情绪。例如，提供心理咨询服务、开展心理健康教育等活动，可以帮助公众增强心理韧性，提高应对压力的能力。同时，心理学还可以通过研究公众的行为模式，发现潜在的行为风险，及时采取干预措施，防止事态恶化。

五、促进公众理性和合作

在舆情事件中，公众的理性和合作是解决问题的关键。心理学可以通过提供认知矫正策略、促进沟通与交流等方式，帮助公众恢复理性思考，减少误解和偏见，促进彼此之间的合作与理解。例如，开展公开对话、组织专家解读等活动，可以为公众提供多元的视角和信息来源，帮助他们更全面地了解事件真相和背景。同时，心理学还可以通过研究合作行为的心理学基础，为构建更紧密的社会关系提供科学依据。

六、总结与展望

心理学在舆情应急处置中扮演着多重角色，包括理解公众心理反应、预测舆情发展趋势、制定有效的信息传播策略、引导公众情绪和行为以及促进公众理性和合作等。这些角色的发挥有助于更好地应对舆情事件带来的挑战和压力。然而，目前心理学在舆情应急处置中的应用还存在一些问题和挑战，如如何更准确地把握公众的心理需求、如何制定更具针对性的应对策略等。未来，随着心理学研究的深入和技术的进步，我们有望看到心理学在舆情应急处置中发挥更大的作用，为构建更加和谐稳定的社会环境贡献力量。

第三节　舆情应急处置中的心理反应概述

在舆情应急处置中，心理反应是一个不可忽视的重要方面。当突发事件或重大事件引发公众广泛关注时，人们的心理状态会受到各种因素的影响，产生一系列复杂的心理反应。这些心理反应不仅影响个体的情绪和行为，还可能对整个社会的稳定和发展产生深远影响。因此，深入了解舆情应急处置中的心理反应，对于制定有效的应对策略具有重要意义。

一、心理反应的主要类型

在舆情应急处置中，公众的心理反应主要包括以下几种类型：

（一）焦虑与不安

面对突发事件或重大事件，人们往往会感到焦虑和不安。他们担心事件的发展趋势、关注事件的解决方案，并对未知的未来充满恐惧。这种焦虑和不安情绪可能导致公众的行为失去理性，做出一些冲动的决策。

（二）愤怒与抵触

当公众认为自己的利益受到损害或感到不公时，他们可能会产生愤怒和抵触情绪。这种情绪可能导致公众对政府、企业或相关组织产生不信任感，甚至采取激烈的抗议行动。

（三）盲目从众

在舆情事件中，公众往往容易受到群体心理的影响，表现出盲目从众的行为。他们可能随波逐流，缺乏自己的独立思考和判断能力，从而加剧舆情的复杂性。

（四）寻求信息与支持

面对舆情事件，公众通常会积极寻求信息以了解事件的真相和背景。他们渴望获得权威、准确的信息来指导自己的决策和行为。同时，他们也希望得到来自社会各方面的支持和帮助，以缓解自己的心理压力。

二、心理反应的影响因素

在舆情应急处置中，公众的心理反应受到以下多种因素的影响：

（一）事件的性质与严重程度

不同性质和严重程度的事件对公众的心理影响是不同的。一般来说，事件越严重、越涉及公众切身利益，公众的心理反应就越强烈。

（二）信息传播的速度与准确性

在舆情事件中，信息传播的速度和准确性直接影响公众的心理反应。如果信息传播迅速且准确，公众就能及时了解事件的真相和背景，做出理性的决策；反之，如果信息传播滞后或失真，就可能引发公众的恐慌和误解。

（三）社会文化背景与价值观

不同的社会文化背景和价值观会对公众的心理反应产生深远影响。在不同的文化背景下，人们对同一事件的看法和态度可能存在很大差异。因此，在制定舆情应急处置策略时，需要充分考虑社会文化背景的影响。

（四）个体的心理素质与应对能力

个体的心理素质和应对能力也是影响心理反应的重要因素。一般来说，心理素质较好、应对能力较强的个体在面对舆情事件时能够保持冷静和理性；反之，则可能表现出过度的情绪反应和行为失控。

三、心理反应的应对策略

针对舆情应急处置中的心理反应，可以采取以下应对策略：

（一）提供及时准确的信息

在舆情事件发生后，政府、企业或相关组织应迅速发布权威、准确的信息，满足公众的知情权。及时公开信息，可以消除公众的疑虑和不安情绪，稳定社会秩序。

（二）加强心理疏导与干预

针对公众可能出现的焦虑、愤怒等负面情绪，可以采取心理疏导和干预措施。例如，提供心理咨询服务、开展心理健康教育等活动，帮助公众缓解心理压力、恢复情绪平衡。

（三）引导公众理性思考

在舆情处置中，应注重引导公众理性思考、独立判断。通过提供多元的视角和信息来源，帮助公众全面了解事件真相和背景；同时，鼓励公众发表不同意见和看法，促进思想交流和碰撞。

（四）建立良好的沟通与互动机制

在舆情应急处置中，政府、企业或相关组织应与公众建立良好的沟通与互动机制。通过定期发布信息、回应公众关切、举办公开对话等方式，增强与公众的互动与沟通；同时，积极采纳公众的合理建议和意见，不断改进工作方法和策略。

舆情应急处置中的心理反应是一个复杂且重要的方面，深入了解公众的心理反应类型、影响因素及应对策略对于制订有效的舆情应急处置方案具有重要意义。

然而，目前关于舆情心理反应的研究还存在一些不足和挑战，如如何更准确地把握公众的心理需求、如何制定更具针对性的心理干预措施等。未来随着心理学研究的深入和技术的进步，相信会有更多关于舆情心理反应的研究成果应用于实际工作中。同时，我们也应该意识到在应对舆情事件时，需要综合运用多种手段和策略形成合力，以更好地应对挑战和维护社会稳定。

第四节 舆情应急处置中的心理反应及实战策略

一、恐慌反应

在舆情危机爆发初期，公众因信息缺乏、谣言滋生或事件的突发性而可能产生恐慌反应。这种反应特征为急剧的情绪波动、理性思考能力下降，以及可能的过激行为，如恐慌性购买或无根据的信息传播。

应对策略：

快速响应机制：建立快速响应机制，确保在危机初期即能发布官方信息，减少信息真空期，避免不实信息填补空白。

权威信息源：确定并公布权威的信息发布源，如政府部门、专业机构等，增强信息的权威性，减少公众对信息真实性的怀疑。

透明度：保持高度透明度，定期更新事件进展和应对措施，哪怕是进展不大，也要让公众感知到问题正在得到关注和处理。

专家介入：邀请专家通过媒体解读事件，用科学的语言解释事件原因、影响及应对方法，增强公众的理解和信心。

心理支援：提供心理健康支持服务，如开设热线、在线咨询等，帮助公众处理恐慌情绪，保持心理健康。

正面引导：通过媒体发布正面信息和案例，引导公众保持积极乐观的态度，增强社会的凝聚力。

在恐慌反应的应对过程中，信息的准确性和及时性是关键。例如，在2011年日本福岛核泄漏事件中，由于初期信息发布不够及时和透明，公众恐慌情绪急剧上升。随后，日本政府和国际原子能机构加强了信息发布的频率和透明度，定期举行新闻发布会，邀请核能专家解读情况，逐渐稳定了公众情绪，减轻了恐慌反应。

二、愤怒反应

当公众感觉到自己的权益受损或者事件处理不公、不透明时，可能会产生愤怒反应。这种反应可能导致抗议、负面舆论的蔓延，甚至对品牌或组织的长期信任危机。

应对策略：

立即公开道歉：如果事件确实由于组织的失误导致，应立即公开道歉，表达诚挚的歉意和改进的决心。

明确责任归属：清晰地界定责任，如果涉及个人失误，应具体到人，避免整个组织承担不必要的负面影响。

补救措施：提出切实可行的补救方案，包括但不限于赔偿受影响群体、改进工作流程、增加透明度等。

开放沟通渠道：建立开放的沟通渠道，让受影响的群体有机会表达自己的意见和建议，增加双方的互动和理解。

情绪疏导：为情绪激动的受影响群体提供心理疏导和支持，帮助他们合理表达情绪，避免过激行为。

长期信任重建：通过持续的正面行动和透明的沟通，逐步重建与公众的信任关系。

在处理愤怒反应时，真诚和透明是关键。以2018年星巴克费城店歧视事件为例，事件发生后，星巴克立即采取了一系列措施，包括公开道歉、关闭全美门店进行员工培训、与受影响顾客和社区对话等，有效平息了公众的愤怒情绪，并通过这一系列积极行动逐步恢复了公众信任。

三、否认反应

在某些情况下，公众可能会选择否认事件的严重性或真实性，特别是当事件触及个人信念或利益时。否认反应可能导致有效信息的丢失，阻碍问题的解决。

应对策略：

提供充足证据：提供充分、确凿的证据来支持发布的信息，增加信息的可信度。

多渠道传播：利用多种传播渠道，确保信息能够覆盖到不同群体，减少信息歧义。

专家权威解读：邀请行业专家、科学家等权威人士对事件进行解读，增加信息的可信性。

举办公开论坛：举办公开论坛或讨论会，提供一个平台让公众提问和表达疑虑，通过直接对话减少误解。

制作易懂的科普内容：通过制作科普视频、图解等易于理解的内容，帮助公众理解复杂的信息。

开展教育活动：组织公众教育活动，提高公众的信息识别能力和理性思考能力。

在处理否认反应时，教育和沟通至关重要。例如，在气候变化的问题上，尽管面临一部分公众的否认，通过持续的科学研究发布、权威专家的公开讲座以及各种形式的公众教育活动，逐步提高了公众对气候变化问题的认识和理解，减少了否认情绪。

通过深入分析和专业的应对策略，我们可以更有效地管理舆情危机中的各种心理反应，减轻负面影响，恢复和维护公众信任。

四、疑惑反应

当舆情事件复杂难解，或信息发布不明确时，公众可能会表现出疑惑反应。这种反应体现为对信息的质疑、对事件的真相和后续发展的不确定感，可能导致公众信任度下降。

应对策略：

明确简洁的信息：提供清晰、易于理解的信息，避免专业术语或复杂的解释造成更大的困惑。

分步骤解释：将复杂的信息分解成简单的步骤或部分，逐步向公众解释，帮助他们理解整个事件的情况。

图形化信息展示：利用图表、时间线、信息图等视觉工具，帮助公众更直观地理解事件的发展和相关信息。

问答环节：设立专门的问答环节或页面，针对公众可能的疑问进行回答，减少误解和疑惑。

利用案例解说：通过相关或类似事件的案例，解释当前事件的可能原因和结果，提供比较的视角，帮助公众理解。

五、期望反应

在一些舆情事件中，特别是涉及公共利益改善的事件，公众可能表现出期望反应，即对事件的积极改变或结果抱有期待。这种心理状态如果得不到满足，可能转化为失望或不信任。

应对策略：

设定合理期望：明确告知公众可能的解决方案、时间框架和预期结果，避免过高的期望值导致最终的失望。

持续的进度更新：提供事件处理进展的定期更新，让公众了解当前的进展和遇到的挑战。

展示积极成果：积极展示事件处理过程中的任何正面成果，即使是小的进步，也能帮助维持公众的期望和信心。

管理变更通知：如果预期的结果或时间线有所变更，应及时通知公众，并解释变更的原因。

增加参与度：鼓励公众参与事件的解决过程中，增加他们的参与感和满足感。

六、满意反应

在舆情应急处置得当，事件得到有效解决时，公众可能表现出满意反应。这种反应体现为对处理结果的认可、对相关组织或个人的积极评价。

应对策略：

分享成功案例：公开分享处理事件的成功案例，包括采取的措施、取得的成果等，增强公众的信任和满意度。

感谢公众参与：对于公众的参与和支持表示感谢，增强公众的归属感和正面情绪。

后续改进计划：即使事件得到了满意的解决，也应该总结经验、提出改进计划，展现持续改进和学习的态度。

维护正面形象：利用满意反应的正面能量，通过媒体和公关活动进一步提升和维护组织的正面形象。

建立长期沟通机制：建立和维护与公众的长期沟通机制，确保未来在类似事件中能够迅速、有效地响应。

通过对以上心理反应的深入分析和策略探讨，我们可以更全面地理解舆情应急处置过程中公众的心理动态，以及如何通过专业的方法和措施有效地应对和管理这些反应，从而减轻危机的影响，恢复和提升公众信任。

第五节 与公众进行有效沟通的心理学技巧

一、建立情境感应

情境感应是一种强大的沟通工具，它能够通过共享具体的情境、经历和感受，在沟通者和听众之间建立深层的情感连接。这种技术尤其在紧张或危机情境中显得至关重要，因为它能够减轻公众的恐慌和不安，建立信任和理解。

要有效地建立情境感应，组织应当采取多渠道策略，包括故事讲述、视觉媒介的使用以及互动式沟通。

故事讲述是建立情境感应的核心。通过讲述内部人员、受影响个体的真实故事，将抽象的问题具体化，让公众能够通过故事中的人物感受到事件的直接影响。这些故事应该涵盖面对挑战的情境、采取的应对措施以及最终的结果，强调团队的努力和持续的进步。故事中的细节应该充分，包括情感的起伏、决策的矛盾，以及克服障碍的时刻，以便听众能够身临其境地感受到故事情境。

通过视觉媒介如照片、视频和信息图表等可以有效地增强情境感应。视觉元素能够迅速传达复杂信息，激发情感反应，并增强记忆。例如，一段展示团结一致应对灾害的视频，或是一系列照片，记录下在危机中工作的员工的情感和努力，都能够强化信息的传递和情境感应的建立。

互动式沟通是加强情境感应的关键。通过在线问答、社交媒体互动以及公开会议，组织可以直接与公众进行对话，聆听他们的担忧和问题，并提供及时的反馈和解答。这种双向沟通不仅能够提供必要的信息和支持，还能够展现组织的透明度和责任感，进一步增强公众的信任和理解。

二、利用元认知策略

元认知策略涉及对个体如何思考、理解和处理信息的引导。在危机沟通中，有效地运用元认知策略意味着不仅要传达信息，还要指导公众如何接收和理解这些信息。这需要组织在信息的结构、呈现方式和引导过程中投入细致的考虑。

信息的结构应该清晰有序，避免信息过载。在紧急情况下，过多的信息会造成混乱和焦虑。因此，信息应该被分解为易于消化的小块，每一部分都应该有明确的目的和关键信息点。例如，在介绍应对措施时，可以将信息分为几个部分：当前状况、采取的行动、预期成果，以及公众可以如何参与或作出贡献。每个部分都应该用简单、直接的语言表达，并伴有相应的视觉元素来增强理解。

呈现方式应该多样化，以适应不同的接受偏好和理解能力。除了传统的文本和图像，还可以使用视频、音频、动画和互动图表来呈现信息。例如，一个复杂的危机应对计划可以通过动画视频来解释，其中包括简化的图表和角色扮演，以清楚地解释每一步的目的和操作。多样化的呈现方式，可以确保更广泛的受众能够理解和吸收信息。

引导过程是元认知策略的核心。这意味着在信息传递中明确指出希望公众采取的思考方式或行动。这可以通过直接的语言提示实现，如在信息的开头或结尾加入引导性问题或声明，鼓励公众反思信息的意义和应用。例如，在介绍预防措施时，可以添加一句："请思考这些措施如何适用于您的日常生活，并分享您的行动计划。"这种引导不仅帮助公众更有效地处理信息，还促进了更深层次的参与和反思。

三、应用心理距离理论

心理距离理论关注个体如何根据时间、空间、社会关系和假设性感知和处理与自身距离较远的事件或信息。在危机沟通中，有效地缩小心理距离可以增强信息的相关性和紧迫感，促使公众更加关注并采取行动。实现这一目标需要组织在信息传递和策略设计中采取创新和具体的方法。

缩小时间距离意味着强调危机对公众即时或近期生活的影响。而不是将问题描述为遥远或未来的风险，应该明确展示问题已经开始影响个人和社区，或者在不采取行动的情况下，将很快带来影响。例如，在讨论气候变化时，可以展示当前极端天气事件的频率和强度如何增加，以及这些变化对农作物生产、水资源和公共健康的即时影响。

缩小空间距离需要将信息和行动计划具体化到本地或个人层面。这可以通过展示本地社区如何受到影响，以及个人和家庭可以采取哪些具体措施来应对危机来实现。例如，如果问题涉及水资源保护，可以分享本地水体的当前状况，包括污染水平和水资源短缺的风险，然后提供简单的水资源节约技巧，如修复漏水的水龙头，安装低流量淋浴头，以及收集雨水用于灌溉。

缩小社会距离涉及强调公众与危机受影响者之间的联系和共同责任。这可以通过展示受影响群体的故事和经历来实现，强调每个人都是社区的一部分，每个人的行动都对他人有影响。例如，在处理公共卫生危机时，可以分享前线医务人员、患者以及普通市民如何共同努力控制疫情的故事，强调遵守卫生指导和预防措施的重要性，不仅是为了个人的健康，也是为了保护他人，尤其是社区中最脆弱的成员。

缩小假设性距离意味着减少公众对信息或行动计划的不确定性和怀疑。这可以通过提供确凿的证据、数据和专家见解来实现，以及展示采取特定措施的明确成果和成功案例。例如，如果目标是鼓励疫苗接种，可以提供科学研究结果，展示疫苗的有效性和安全性，以及其他国家或地区疫苗接种成功控制疫情的实例。通过减少假设性距离，可以增强公众对信息的信任，促进他们采取建议的行动。

四、借助框架效应进行正面引导

不同的信息呈现方式可以影响人们的认知和行为决策。在危机沟通中，积极的框架可以激励公众采取行动，减轻恐慌，以及建立对未来的乐观态度。有效地运用框架效应，需要精心设计信息的内容和呈现方式，确保其能够产生预期的积极影响。

使用积极语言来强调行动的好处，而不是缺乏行动的后果，可以激发公众的积极参与。例如，在推广健康生活方式时，应该强调健康饮食和定期运动带来的能量增加、情绪改善和长期健康益处，而不是强调不健康饮食和缺乏运动的负面后果。通过这种积极的框架，公众更可能被激励去采取健康的生活方式选择。

展示具体的行动和变化所带来的积极结果，可以增强公众的行动动力。这可以通过分享成功案例和实证研究来实现，展示采取特定措施如何带来了积极的社会、环境或健康影响。例如，在推广可持续发展实践时，可以分享具体社区或企业如何通过实施绿色能源解决方案和减少废物产生，成功改善了环境质量并提高了生活质量的案例。这些实际例子不仅提供了可行的行动模式，还展示了积极变化是可能的，从而激发公众的乐观和参与。

强调集体行动的力量和每个人在其中的角色，可以增强公众的责任感和能动性。而不是将问题呈现为无法克服的挑战，应该强调通过共同努力，社区和个人可以成为解决方案的一部分。如在应对气候变化的沟通中，可以强调减少碳足迹的简单日常行为——如骑自行车上班、减少食物浪费、使用可再生能源——如何汇聚成对抗气候变化的强大力量。通过这种集体行动的框架，个人行动被赋予了更大的意义和价值，鼓励公众参与更大的社会目标中。

使用故事和情绪引导加强信息的吸引力和记忆度，是运用框架效应的有效策略。通过具体、生动的故事来呈现信息，可以使其更加吸引人和容易记住。这些故事应该包含具体的角色、情境和情感元素，以及清晰的道德或启示，强调采取积极行动的重要性。例如，在提倡社区参与的沟通中，可以讲述一个社区如何通过合作和创新解决了长期的水资源问题的故事，强调团结、创新和行动的力量。通过这些具有情感共鸣的故事，公众更容易与信息产生共鸣，被激励去采取行动。

五、使用社会证明原则

社会证明原则是指人们在不确定或模糊的情况下，倾向于模仿他人的行为确定自己的行为。在危机沟通和公众参与策略中，有效地利用社会证明原则可以增强信息的说服力，鼓励公众采取建议的行动。要有效地应用这一原则，组织需要展示广泛的支持和正面的社会行为，以及提供途径让公众能够看到和加入这些行为。

展示权威人士、专家和公众人物的支持和行动，可以增强信息的可信度和影响力。这些人物的言论和行为由于其在社会中的地位和知识水平，往往被公众视为可靠的参考。因此，在传达重要信息或推广特定行动时，引用这些人物的观点、引述他们的研究成果，或展示他们参与相关活动的照片和视频，可以提高公众的接受度和参与意愿。例如，在推广疫苗接种的沟通中，展示医学专家接种疫苗的视频，以及公众人物呼吁遵守疫苗接种指南的声明，可以增强公众对疫苗安全性和有效性的信任，并鼓励他们积极接种。

展示普通人的正面行为和改变，可以激励公众认同和模仿这些行为。人们往往更容易与自己相似的人产生共鸣，因此，展示来自不同背景、年龄和职业的普通人如何采取积极行动，可以提高信息的普遍性和吸引力。这可以通过社交媒体挑战、公众投稿的故事和照片，以及社区活动的报道实现。例如，在提倡环保行为的沟通中，可以发起一个社交媒体挑战，鼓励人们分享他们减少塑料使用的方法和成果，如使用可重复使用的购物袋、水瓶和餐具，并使用特定的标签来汇总这些帖子。展示人们大量的积极行为，可以创造一种"大家都在做"的感觉，鼓励更多的人加入行动。

提供平台和机会让公众看到和分享正面的行为和故事，是利用社会证明原则的关键。这不仅包括社交媒体和网站，还包括公共广告、社区活动和媒体报道。这些平台应该设计得易于访问和使用，鼓励公众分享他们的经验、故事和建议。例如，在促进健康生活方式的沟通中，可以建立一个专门的网站，邀请公众分享他们的健康转变故事，如如何成功戒烟、开始定期运动或改善饮食习惯，并提供专家的点评和建议。通过这种方式，公众不仅能够看到其他人的积极变化，还能够获得实用的建议和支持，增加他们采取类似行动的动力。

认可和奖励公众的正面行为是加强社会证明效应的有效方法。公开表彰那些作出积极贡献的个人和团体，可以提高他们的行为的正面价值，并激励其他人效仿。这种认可可以通过颁发奖项、在官方渠道上突出展示他们的故事，或在公共活动中对他们进行表彰来实现。例如，在促进社区参与的沟通中，可以设立年度"社区英雄"奖，表彰那些在改善社区环境、支持弱势群体或推动公共利益方面作出突出贡献的个人和组织。这种方式，不仅可以表达对这些积极行为的认可和感激，还可以向公众展示这些行为的价值和影响，鼓励更多的人参与积极的社会行动。

六、情感共鸣与故事讲述的力量

情感共鸣在危机沟通中扮演着至关重要的角色，它不仅是关于信息的传递，更是关于情感的交流。有效的故事讲述能够触动人心，激发共鸣，将冰冷的数据和抽象的概念转化为有血有肉的故事，进而激发公众的同理心和行动动力。深刻的情感共鸣来源于故事的真实性、情感的深度，以及讲述者的同理心。为了达到这一目的，故事讲述需要围绕人物的经历展开，将复杂的危机情境转化为听众可以感同身受的个人故事。

一个有效的故事讲述策略包括：挖掘故事中的情感元素，如恐惧、勇气、希望等；利用具体细节增加故事的真实感，如人物的语言、情绪反应、环境描写等；运用视听材料如照片、视频来增强故事的感染力。此外，故事的结构也至关重要，一个好的故事应该有明确的起始、冲突、高潮和解决方案。这样的结构，不仅可以清晰地传达信息，还可以激发听众的情感参与，进而促使听众行动。

七、提升信息透明度和可接受性

信息的透明度和可接受性是建立公众信任的关键。透明度意味着组织需要公开、及时地分享关键信息，包括危机的发生、影响、应对措施和预期结果。这样的透明度可以帮助减少公众的恐慌和不安，因为它提供了一种可预见性和控制性。然而，透明度并不意味着无差别地提供信息，而是要确保信息的相关性和准确性，避免信息过载。

提升信息的可接受性则要求信息能够被广泛理解。这不仅涉及信息的简洁明了，还包括信息的呈现方式。例如，复杂的危机应对措施可以通过故事、案例研究、图表和动画等多种形式呈现，以满足不同听众的偏好。此外，提供互动式的问答环节，可以让公众有机会表达自己的疑问和担忧，增加信息的针对性和有效性。组织还应该注意信息的时效性，及时更新危机情况和应对措施的变化，保持与公众的持续沟通。

八、激发公众的参与感和行动动力

激发公众的参与感和行动动力是危机沟通的终极目标。这要求组织不仅将公众视为信息的接收者，更要将他们视为危机应对的合作伙伴。强调每个人的行动如何对整体应对策略产生影响，可以提升公众的责任感和参与意愿。实现这一目标的关键在于创建多渠道的参与平台，提供多样化的参与方式，如在线论坛、社交媒体活动、志愿服务机会等。公开认可公众参与的成果，展示具体行动如何带来积极变化，可以进一步激励公众的参与热情。这种认可不仅是对个人贡献的肯定，也是对更广泛社会行动的鼓励。通过案例分享、故事讲述等形式，组织可以展示公众行动的力量，激发更多人加入积极应对危机的行列中。

九、建立共情联结

在任何危机沟通策略中，建立共情联结是至关重要的第一步。这不仅关乎于如何表达同情和理解，更是关于如何在行动上展示对受影响群体的深切关怀。共情联结的建立能够打破官僚体系和公众之间的壁垒，建立起一种双向的、人性化的沟通渠道。这种联结在心理上为受众提供了安慰和支持，同时也为有效传递关键信息和采取行动奠定了基础。

在危机发生时，组织的第一反应往往是发布官方声明。然而，这些声明的语言选择至关重要。采用充满同情和理解的语言，可以直接触及人心，缓解公众的恐慌情绪。这意味着要避免冷漠的官方用语，转而使用更贴近日常生活、能够引起共鸣的表达方式。例如，使用第一人称"我们"而非"该机构"可以减少距离感，使受众感觉到他们正在与真实的人而不是一个面无表情的组织交流。

共情不仅体现在言语上，更重要的是通过行动来证明。在危机中，快速响应受影响群体的需求，比如提供物资援助、心理支持或是紧急避难所，都是建立共情联结的具体体现。这些行动表明，组织不仅在听，还在积极寻求解决问题的方法。例如，如果某个地区受到自然灾害影响，除了发放必需品外，还可以组织志愿者提供人力支持，这样的举措能够深深打动人心，并建立起强大的信任和感激之情。

在危机沟通中，了解受众的特定需求和情感状态是建立共情的关键。这可能意味着组织需要收集和分析数据，以理解不同群体的具体担忧和需求。然后，可以通过定制化的沟通策略满足这些需求，比如针对老年人发布的易于理解的安全指南，或是为儿童设计的情感支持资源。个性化的沟通策略不仅能更有效地传达信息，也能在受众中建立更深的情感联系。

建立共情联结不是一次性的任务，而是一个持续的过程。危机发生后，公众的需求和情绪会随着时间而变化，因此，组织需要持续地展示他们的关心和支持。这可以通过定期更新关于恢复进展的信息、提供持续的心理健康资源或是组织跟进活动来实现。持续的关注不仅能够帮助受影响群体在危机后恢复，也能够加强公众对组织的信任和支持。

建立共情联结成为危机沟通中一个不可或缺的组成部分。这种连接超越了简单的信息传递，它通过言语和行动展现了真正的关怀和支持，为危机的有效管理和解决打下了坚实的基础。在今后的危机中，无论是自然灾害、公共健康危机还是企业危机，共情的力量都将是重塑公众信任、加速恢复过程的关键。

十、强化信息的可理解性与可访问性

在任何危急情境中，确保信息能够被广泛理解和访问是至关重要的。信息的可理解性和可访问性直接影响到公众的反应速度以及采取行动的有效性。为了达到这个目标，需要综合考虑内容的呈现、语言的使用、渠道的选择以及特殊需求群体的照顾。

在危机情况下，人们往往处于紧张和恐慌的状态，过于复杂或专业的信息会增加理解的难度，从而降低信息的有效性。因此，简化信息内容，使用易于理解的语言和直观的示例是提高信息可理解性的关键。例如，对于一项新出台的健康指导措施，除了提供书面说明外，还可以通过图解、视频教程等形式，用简单的步骤和清晰的视觉效果传达关键信息。

为了提高信息的可访问性，采用多样化的传播渠道至关重要。这包括传统媒体（如电视、广播）、社交媒体（如 Twitter、Facebook）、官方网站和移动应用程序等。不同的人群可能偏好或更频繁地接触某些特定的信息渠道。例如，年轻人可能更多地通过社交媒体获取信息，而老年人可能更依赖电视和广播。因此，跨渠道的信息传播策略能够确保覆盖更广泛的受众。

确保信息的全面可访问性还包括对特殊需求群体的照顾。这意味着提供适合视觉或听觉障碍人士的信息格式。例如，为盲人提供音频说明，为聋人提供手语翻译或字幕。此外，提供多语言版本的信息也至关重要，特别是在多语言社区中，这有助于跨越语言障碍，确保每个人都能获取和理解重要的危机信息。

为了确保信息传递的有效性和持续的改进，建立反馈机制非常重要。这可以通过社交媒体互动、调查问卷、热线电话等方式实现。通过收集公众的反馈，组织可以了解信息的覆盖范围、受众的理解程度以及可能存在的信息差距，进而调整和优化信息传播策略。

强化信息的可理解性与可访问性要求细致考虑信息的制作和传播的每一个环节。从内容的简化到传播渠道的多样化，从特殊需求群体的照顾到反馈机制的建立，每一步都是确保信息能够被广泛接收和理解的关键。在危机情境中，这不仅是传递信息的技术问题，更是保护公众安全和福祉的重要措施。

十一、促进跨部门合作与协调

在危机管理过程中，跨部门合作与协调是实现有效应对和资源优化配置的关键。面对复杂多变的危机情况，单一部门往往难以独立应对所有挑战，因此，建立跨部门协作机制显得尤为重要。这不仅包括政府内部不同部门之间的合作，也涉及政府与私营部门、非政府组织、国际组织以及公众的广泛合作。

为了有效促进跨部门合作，首先需要建立一个协作框架，明确不同部门在危机管理中的角色和职责。这个框架应该包括协调机制、信息共享平台、合作流程和应急响应计划。例如，可以设立一个中央危机管理协调中心，负责在危机发生时协调不同部门的行动，确保信息的快速流通和资源的合理分配。

跨部门合作的有效性在很大程度上依赖信息共享和通信的畅通。在危机情境中，及时准确的信息是制订反应策略和行动计划的基础。因此，建立高效的信息共享机制，如共享数据库、定期会议、联络员制度等，对于加强部门间的协调和合作至关重要。这些机制，可以确保所有相关部门能够快速获得危机相关信息，提高决策的效率。

跨部门合作的有效性不仅需要在理论上建立，在实践中也需要不断检验和完善。定期进行联合练习和模拟演练是测试和加强协作机制的有效方式。通过模拟危机情况，各部门可以在非紧急状态下磨合合作流程，识别潜在的协调问题和资源分配不当，从而在真正的危机中能够更加迅速和有效地行动。

除了政府部门之间的合作外，危机管理还须涉及私营部门、非政府组织、社区组织和国际伙伴。这些多元利益相关者拥有丰富的资源、专业知识和网络，可以在危机响应中发挥独特的作用。例如，私营部门可以提供技术支持和物资资源，非政府组织可以在社区层面进行宣传教育和志愿服务，国际组织可以提供经验分享和紧急援助。建立包容性的合作机制，可以更好地集合各方力量，形成危机应对的合力。

促进跨部门合作与协调是提高危机管理效率的关键。建立协作框架、加强信息共享、进行练习和模拟演练以及引入多元利益相关者，可以构建一个全面、高效、灵活的危机应对体系，为应对各种突发事件和挑战奠定坚实的基础。

十二、社区参与与公众教育

在危机管理过程中，社区参与与公众教育是提高整体应对能力和恢复能力的关键环节。有效的危机管理不仅是政府或专业机构的责任，也需要社区和公众的积极参与。通过提高公众的危机意识和应对能力，可以大大降低危机带来的影响，加快恢复过程。

公众教育是提高社区危机应对能力的基石。教育和宣传活动，可以增强公众对于各种潜在危机的认识，提高他们的预防意识和自我保护能力。例如，通过学校、社区中心、媒体等渠道，普及地震、洪水、火灾等自然灾害的基本知识，教授简单有效的应急响应技能，如紧急疏散、基础急救技能等。

社区层面的准备和响应计划对于增强危机管理的效果至关重要。鼓励和支持社区主导的危机应对计划，可以更好地利用社区的资源和本地知识，制定出符合实际情况的应对措施。政府和相关机构可以提供必要的资源支持和专业指导，如培训社区应急响应团队、提供应急物资储备指导等，增强社区的自主应对能力。

有效的信息沟通机制是社区参与和公众教育的关键。政府和危机管理机构需要建立多渠道的信息发布和反馈系统，确保危机信息的及时，准确传达，同时收集社区和公众的反馈和需求。这可以通过社交媒体、手机应用、社区广播等多种方式实现，确保信息覆盖到每一个需要的人。

将公众纳入危机管理的决策过程，可以提升决策的透明度和公众的信任度。通过公开讨论、社区会议、在线咨询等方式，公众可以对危机管理政策和计划提出意见和建议，不仅有助于提高政策的接受度，也能够促进更加符合社区实际需求的解决方案。

随着社会的变化和新技术的发展，危机管理的策略和技术也在不断进步。因此，定期评估和更新公众教育和培训内容是必要的。持续的学习和教育，可以确保公众掌握最新的危机应对知识和技能，提高整体社会的韧性和应对能力。

"社区参与与公众教育"不仅能够提升公众的危机意识和自救互救能力，还能够增强社区与政府之间的互动和合作，构建更加坚实的社会安全网。通过持续的努力，在提高危机管理效能的同时，"社区参与与公众教育"也能够增强社会的整体恢复力和适应力。

第六节 恢复公众信任的心理学方法

一、深化情感共鸣与同理心

在重建公众信任的过程中，深化情感共鸣和同理心是至关重要的。组织应当努力理解公众因危机而产生的情绪反应，包括恐惧、愤怒、失望和不确定感，并在沟通中积极响应这些情绪。这种情感层面的连接可以通过多种方式实现，如通过领导层的公开演讲、社交媒体帖子或个性化的故事分享，展现出组织对公众所经历困难的深刻理解和真挚关怀。

组织可以制作一系列视频，讲述那些受到危机直接影响的个人或家庭的故事，展示他们的挑战、应对过程以及如何通过组织提供的帮助得到改善。通过这些真实的故事，公众可以看到组织不仅关注问题的解决，更关心受影响人的感受和恢复。同时，组织的领导者可以通过直播、访谈等形式，分享他们个人对危机的看法和感受，以及他们是如何带领团队应对挑战的，这种领导者的情感透明度和脆弱性展示，能够进　步加强与公众的情感联系。

二、提升透明度与持续沟通

提升透明度和确保持续沟通是恢复公众信任不可或缺的策略。组织需要定期更新公众关于危机应对进展、遇到的挑战以及未来计划的信息。这种持续的沟通不应仅限于危机初始阶段，而应贯穿整个恢复过程，即使在危机看似平息之后也不应停止。

为了实现高度的透明度，组织可以建立一个专门的在线信息中心，其中包含关于危机应对措施、进展更新、常见问题解答以及如何获取帮助的详细信息。此外，组织还可以定期举行公开的线上或线下会议，邀请公众提问，并由组织的领导者或专家团队提供答复。这种互动式的沟通模式不仅有助于解决公众的疑虑，还显示了组织对公开透明和负责任的承诺。

三、树立并弘扬组织价值观

组织的价值观是其身份和品牌的核心，对于恢复公众信任至关重要。在危机中，组织需要通过一致的行动证明其对价值观的忠诚和承诺。这意味着所有的决策和行为都应当与组织宣称的价值观相符合，无论是对内部员工的处理，还是对外部公众的响应。

为了弘扬组织的价值观，可以通过故事讲述、品牌活动和社区参与等方式，展示这些价值观在实践中的应用。例如，如果组织强调创新和责任，那么在面对危机时，就应该展示其如何运用创新思维找到解决问题的方法，并对其行动的后果负责。此外，组织还可以通过赞助和参与与其价值观相符的社会活动，如环保项目、教育倡议或公共健康运动，进一步展示其对社会贡献和价值观的承诺。

四、增强互动性和参与度

提升公众的互动性和参与度可以显著增强信任。这种策略鼓励公众不仅是信息的接收者，而是参与者和贡献者。例如，组织可以开展互动式的在线问答会议，让公众直接向领导层提问，或者通过虚拟研讨会和工作坊，让公众参与解决方案的制订过程。这种直接参与能够让公众感到自己的声音被重视，从而增强对组织的信任和支持。

五、加强社区参与和伙伴关系

加强与社区的联系和建立伙伴关系是恢复信任的有效途径。组织应积极参与社区活动，支持地方倡议，并与其他非营利组织、企业和政府机构建立合作关系，共同应对危机并促进恢复。这种社区参与不仅可以帮助解决实际问题，还可以增强组织在公众心目中的正面形象，显示其对社会福祉的承诺。

例如，组织可以发起或参与社区清洁、绿化项目或健康教育活动，邀请社区成员和其他利益相关者一起参与。通过这些活动，组织不仅提供了实际帮助，还有机会与社区成员直接交流，了解他们的需求和期望。此外，组织还可以与当地学校、医院或其他非营利组织建立长期的伙伴关系，共同开展教育、健康或环保项目，这些合作不仅能够产生积极的社会影响，还能够增强组织的社会责任感和公众信任。

六、实施并展示持续改进

持续改进是重建公众信任的关键。组织需要从危机中吸取教训，实施必要的改进措施，并向公众展示这些努力和成果。这不仅包括改进产品或服务，还包括优化内部流程、加强员工培训和提升管理水平。

为了有效展示持续改进的努力，组织可以定期发布进展报告，包括已实施的改进措施、取得的成果以及未来的计划。这些报告应当详尽透明，提供具体数据和实例来支撑改进成果的陈述。此外，组织还可以邀请外部专家进行审查和评估，并公开其报告和建议，这种第三方验证可以增加公众对改进努力真实性的信任。

七、建立品牌大使和社区领袖

选择和培养品牌大使或社区领袖，可以帮助组织在特定的社群或公众中建立信任。这些个体因其在社区中的影响力和可信度，能够有效地传递组织的信息和价值观。组织可以通过提供培训和资源，支持这些大使在社区中开展积极的沟通和活动，从而增强公众的信任感。

八、跨界合作和联盟建设

与其他组织、行业或领域的跨界合作，可以增强组织应对危机的能力，并提升公众信任。通过与信誉良好的合作伙伴建立联盟，组织可以共享资源、知识和最佳实践，共同解决问题。这种合作不仅可以增强解决方案的效果，还可以通过联合品牌的力量，增强公众对参与组织的信任。

九、营造积极的在线社区环境

在数字时代，社交媒体和在线社区是重要的公众互动平台。组织应致力于在这些平台上营造积极性、支持性的环境，鼓励健康性、建设性的对话。这可以通过监管不良内容、提供实时的客服支持，以及鼓励积极的用户互动来实现。一个积极的在线社区环境能够增强公众的参与感和归属感，从而增强对组织的信任。

十、采用数据透明和共享

在处理危机时，向公众透明地共享相关数据和信息是重建信任的重要策略。这不仅包括危机的影响数据，还包括组织应对措施的效果数据。通过数据共享，公众可以基于事实进行判断，减少不确定性和猜忌。组织可以通过可视化的方式呈现数据，如信息图和仪表板，使数据易于理解和访问。

十一、强化心理支持和社会关怀

在危机中，提供心理支持和社会关怀对于重建公众信任至关重要。这可以通过设立心理咨询热线、组织社区支持小组，或提供危机干预服务来实现。这些措施不仅可以帮助受危机影响的个体和社区恢复，还展示了组织对公众福祉的关怀，从而增强公众的信任和支持。

十二、理解与应对公众情绪动态

理解与应对公众情绪动态是在恢复公众信任的过程中至关重要的一坏。公众情绪动态反映了社会大众对于特定事件、政策或变化的情感反应和心理状态，这些情绪动态可以极大地影响个人和集体的行为模式、决策过程以及对于组织或政府机构的信任度。因此，深入理解这些情绪动态，并采取有效的应对策略，对于建立和维护公众信任至关重要。

鉴别和理解公众情绪的变化需要细致的观察和多维度的分析。社会媒体平台、民意调查、公众论坛和直接的社区参与都是获取公众情绪数据的重要渠道。通过这些渠道，组织可以监测到公众对于特定事件或决策的即时反应，理解公众情绪的波动趋势，并识别出引起情绪变化的核心因素。例如，在一次社会危机事件后，通过分析社交媒体上的讨论和反馈，组织可以快速地获取到公众的恐惧、愤怒或不确定性等情绪状态，以及这些情绪背后的具体担忧点。

理解了公众情绪动态之后，有效的沟通策略是应对情绪波动、建立信任的关键。这需要组织进行开放、透明和及时的沟通。例如，面对公众的担忧和不满，组织应该主动出面，通过新闻发布会、社交媒体更新和公开信等方式，提供准确的信息，解释情况背后的原因，以及正在采取的应对措施。此外，采用情感共鸣的语言和态度，表达对公众情绪的理解和关怀，也是建立信任的重要手段。

积极参与和引导公众对话也是理解和应对情绪动态的有效途径。组织可以设立论坛、热线电话和问答会，邀请公众直接表达自己的担忧和建议，同时提供专家解读和答疑，以促进双向的交流和理解。这种方式，不仅可以进一步深入了解公众的情绪和需求，还可以通过积极地参与和响应，展现组织的开放性和责任感，从而增强公众的信任和支持。

培养公众的情绪韧性也是理解与应对情绪动态的重要方面。通过教育和公共宣传活动，组织可以提高公众对于信息的辨识能力，增强他们在面对不确定性和压力时的心理韧性，可以帮助公众更加理性和平和地处理信息和情绪，减少恐慌和误解的产生。

十三、创新沟通技术在信任重建中的作用

在当今信息快速发展的时代，创新沟通技术在重建和维护公众信任中扮演着至关重要的角色。随着新兴媒体的不断涌现和传统媒体的逐渐转型，如何有效利用这些创新沟通技术成为组织面临的一大挑战。正确地运用这些技术不仅可以提高信息传播的效率，还能在公众中建立起更强的信任感和参与感。

社交媒体平台已经成为重要的公众沟通渠道。通过Facebook、Twitter、Instagram等平台，组织能够实时发布更新信息，快速响应公众关切，以及直接与公众互动。利用这些平台的独特优势，比如使用故事功能发布幕后工作的短视频或图片，可以增加组织透明度，使公众感受到更亲近和真实的一面，从而提高信任度。

数据可视化技术在提高信息透明度和理解度方面起到了重要作用。复杂的数据和信息通过图表、图形和动画的形式呈现，可以帮助公众更容易理解问题的核心，减少误解和怀疑。例如，在处理公共健康危机时，可视化数据展示疫情的发展趋势和防控措施的效果，能够有效增强公众对政府行为的理解和支持。

移动应用和在线服务平台为公众提供了便捷的信息获取和服务体验。这些平台能够根据用户的行为和偏好提供个性化的信息和服务，增强用户体验。同时，也提供了反馈渠道，使组织能够及时调整和优化服务，进一步提升公众的满意度和信任度。

人工智能和机器学习技术的应用正在改变与公众的互动方式。

通过智能聊天机器人提供24/7的咨询服务，不仅提高了效率，也增加了互动的趣味性和便利性。同时，这些技术能够分析大量的用户数据，帮助组织更好地理解公众的需求和偏好，以更加精准和有针对性地进行沟通和服务。

虚拟现实（VR）和增强现实（AR）技术为创造沉浸式的沟通体验提供了可能。通过模拟真实场景或增强现实信息，这些技术能够使公众以全新的方式体验信息内容，增强信息的吸引力和影响力，从而在提高公众参与度的同时，也增强了信任感。创新沟通技术在信任重建中的作用不可小觑。通过有效地利用这些技术，组织不仅能够提高沟通效率，还能在公众心中建立起更加积极、透明和互信的形象。然而，也需要注意的是，技术的使用应该以增加公众利益为出发点，确保信息的准确性和安全性，避免滥用技术带来的负面影响。

十四、文化敏感性与全球视角

在构建和恢复公众信任的过程中，文化敏感性和全球视角的融入至关重要。随着全球化的加速发展，组织越来越需要在跨文化背景下操作，理解和尊重不同文化的价值观、信仰和行为习惯成为建立广泛信任的基石。

文化敏感性要求组织在其策略、沟通和行为中体现出对不同文化差异的理解和尊重。这不仅包括语言的适配和非言语沟通的考虑，也涵盖了对各种文化标准、节日、宗教习惯和社会习俗的认识。例如，一个在多个国家运营的组织在进行产品设计、市场营销和客户服务时，需要考虑到各地区文化的特殊需求和敏感点，从而避免可能的误解和冲突，增强产品和服务的吸引力。

采纳全球视角意味着在决策和操作中考虑到全球化背景下的复杂性和多样性。这要求组织不仅要关注本地的文化和需求，还要有能力理解和预测全球趋势如何影响其业务和公众信任。通过全球视角，组织能够更好地把握国际市场的机遇和挑战，设计出既满足本地需求又具有全球吸引力的解决方案。

在实践中，增强文化敏感性和全球视角可以通过多种方式实现。培训员工理解和尊重文化差异，增强跨文化交流和合作能力是基础。此外，多元化的团队构成可以带来不同的视角和经验，有助于提高决策和策略的全面性和有效性。在沟通策略上，定制化的内容和多语言支持能够确保信息对不同文化群体的可访问性和相关性。进一步地，通过参与和支持全球性和多文化背景下的社会责任项目，组织可以展现其对全球社会的贡献和承诺，增强公众的信任和支持。同时，这也是展示组织文化敏感性和全球视角的重要方式，有助于建立积极的国际形象。文化敏感性和全球视角不仅是现代组织在全球化时代成功的关键，也是建立和维持公众信任不可或缺的元素。通过深入理解和尊重不同文化的价值观和需求，以及在全球范围内采取负责任和包容性的行动，组织能够在多元化的全球环境中稳固和扩大其公众信任基础。

十五、预防策略与前瞻性危机管理

预防策略与前瞻性危机管理在恢复和维护公众信任的过程中起着至关重要的作用。如何通过有效的预防措施和前瞻性思维，减少危机发生的可能性，以及在危机出现时，如何迅速、有效地应对以保护和重建公众信任。

预防策略的核心在于识别和管理那些可能对组织声誉和公众信任造成负面影响的风险。这包括对内部环境和外部环境的持续监控，以及对潜在风险因素的评估。组织需要建立一套全面的风险管理体系，包括风险识别、风险评估、风险控制和风险监测四个基本环节。通过这样的体系，组织不仅能够预见和减轻潜在的威胁，还能够提高其对突发事件的响应速度和效率。

前瞻性危机管理强调的是在危机发生之前就准备好应对策略和计划。这意味着组织需要开发和实施一套危机应对计划，包括危机沟通计划、紧急响应团队的建立和培训以及危机演练的定期举行。这样的计划不仅能够确保组织在危机发生时迅速采取行动，减少损害，还能够在公众中建立起组织是有准备、有能力处理危机的形象，从而增强公众信任。

在实践中，预防策略与前瞻性危机管理要求组织建立跨部门的合作机制，确保信息的流通和共享，以便及时发现潜在风险并采取预防措施。同时，组织应该投资于相关技术和人力资源，以增强其监控、分析和响应危机的能力。例如，利用社交媒体监控工具可以帮助组织实时跟踪公众舆论和情绪，从而在危机形成之初就采取措施应对。

此外，组织需要建立一个透明、开放的沟通文化，鼓励员工报告潜在的问题和风险。通过建立这样的文化，组织不仅能够更早地发现问题，还能够增强员工的责任感和参与感，从而提高整个组织的危机管理能力。

通过有效的风险管理、危机准备和应对策略，组织不仅能够降低危机发生的风险，还能够在危机发生时保护和恢复公众信任。这要求组织不断地评估和改进其危机管理体系，确保在不断变化的环境中保持其有效性和适应性。

第四章

舆情应急处置实战案例解析

第一节 企业舆情危机实战案例分析

一、某奶制品公司毒奶粉事件

1.事件背景

某奶制品公司因其销售的有毒奶粉事件陷入了一场严重的舆情危机。事件曝光后，该公司没有及时主动回应，反而试图掩盖事实，这导致舆情进一步恶化。公众对该公司的不信任感急剧上升，品牌形象受到严重损害。

2.心理学策略应用

为应对危机，该奶制品公司迅速制定了心理学策略。首先，及时回应并公开道歉，承认错误，展示改正决心，以缓解公众愤怒。其次，利用情感共鸣策略，表达对受害者的深切同情，提供医疗和经济援助，以减轻受害者家庭的痛苦。最后，加强信息透明度，及时公开整改进展和检测结果，以增强消费者信心。

3.效果评估

经过一段时间的实施，心理学策略取得显著效果。首先，公司及时回应和公开道歉有效缓解了公众的不满情绪，避免了事态进一步恶化。其次，情感共鸣策略成功减轻了受害者家庭的抵触心理，提升了公司的社会责任感。最后，通过加强信息透明度，消费者逐渐恢复了对公司的信任，品牌形象得到一定程度的修复。

4.总结

本次毒奶制品事件对该奶制品公司造成了严重影响。然而，通过运用心理学策略，公司成功应对了舆情危机，并逐步恢复了消费者的信任。展望未来，公司应继续加强产品质量监管，确保类似事件不再发生。同时，加强与消费者的沟通互动，及时了解并满足消费者需求，以实现可持续发展。此外，公司还可利用此次危机处理的经验，为其他企业提供舆情应对的咨询和服务，进一步拓宽业务领域。

二、某航空公司航班延误事件

1.事件背景

某航空公司因天气、机械故障或其他不可抗力因素导致大量航班延误。受影响的乘客在机场长时间等待，情绪逐渐激动，部分乘客通过社交媒体发泄不满，甚至引发一些过激行为。这一事件迅速在社交媒体上传播，引发公众对航空公司服务质量和应急处理能力的质疑。

2.心理学策略应用

快速响应与信息公开：面对舆情危机，航空公司迅速启动应急预案，组织专门团队处理延误事件。同时，通过官方社交媒体、机场大屏和广播等渠道实时更新航班动态和延误原因，确保信息及时、准确传达给乘客。这种快速响应和信息公开有助于降低乘客的焦虑情绪，减少误解和猜测。

情绪安抚与现场处理：航空公司增派工作人员到现场进行情绪安抚，为受影响的乘客提供必要的帮助和支持，如提供餐饮、住宿安排等。同时，加强与乘客的沟通，耐心解答疑问并尽力解决他们的实际需求。这些措施有助于稳定乘客情绪，避免冲突升级。

危机沟通与道歉：航空公司高层通过媒体发表致歉声明，对航班延误给乘客带来的不便表示歉意，并承诺提高服务质量和提升应急处理能力。这种危机沟通和道歉有助于赢得乘客的理解和支持，降低负面舆论的影响。

后续跟进与形象重塑：在事件处理完毕后，航空公司继续关注受影响的乘客，通过问卷调查、电话回访等方式收集乘客意见和建议，以便提高服务质量。同时，积极参与公益活动和社会责任项目，提升品牌形象和公众认可度。

3.效果评估

通过上述心理学策略的应用，航空公司成功化解了一场潜在的危机。快速响应、信息公开、情绪安抚、危机沟通以及后续跟进等策略的有效运用，不仅降低了乘客的负面情绪和过激行为，还赢得了公众的理解和支持。虽然航班延误事件给航空公司带来了一定的负面影响，但通过舆情应急处置心理学实战策略的应用，成功降低了舆论的负面效应，并维护了品牌形象。

4.总结

本案例展示了心理学在舆情应急处置中的重要性和实战策略。对于航空公司而言，面对突发舆情事件时需要迅速、准确地做出反应，并采取有效的措施稳定公众情绪、恢复品牌形象。快速响应、信息公开、情绪安抚、危机沟通以及后续跟进等策略的应用，可以有效应对舆情危机并赢得公众信任和支持。未来，随着社交媒体和大数据技术的不断发展以及乘客需求的日益多样化，航空公司应继续加强心理学在舆情应急处置中的应用与研究以提升服务质量和乘客满意度。

三、某品牌放鸽子事件

1.事件背景

在某大型购物节前夕，知名网红在直播间预告了某品牌的折扣力度，吸引了大量网友关注。然而，活动当天，该品牌却未出现在预告的直播间，而是转到了其他直播间。这一行为引发了网友的强烈不满，认为该品牌言而无信。

2.心理学策略应用

认知重构策略：品牌通过官方声明和社交媒体渠道，及时解释了活动变更的具体原因，引导消费者从更全面的角度理解事件，避免单一情绪的过度发酵。强调品牌的长期承诺和诚信原则，帮助消费者重构对品牌的整体认知，从长期合作的角度看待此次事件。

情感管理策略：品牌积极表达了对消费者失望情绪的理解和歉意，通过诚恳的道歉来安抚消费者的情感。提供了具体的补偿措施，如发放优惠券、延长会员权益等，以实际行动来弥补消费者的情感损失，并重建与消费者的情感连接。

透明度与互动增强策略：品牌提高了信息公开的透明度，不仅详细解释了事件原因，还公开了后续的改进措施，让消费者感受到品牌的诚意和负责任态度。通过社交媒体、在线客服等渠道加强与消费者的互动，及时回应消费者的疑问和批评，展现了品牌的开放性和包容性。

信任修复策略：品牌利用此次危机作为信任修复的契机，通过一系列积极的行动向消费者传递了品牌的可靠性和诚意。

承诺未来会加强内部沟通和管理，确保类似问题不再发生，以此来重建消费者的信任。

3.效果评估

经过心理学策略的应用，该品牌取得了以下效果：消费者的愤怒和失望情绪得到了有效缓解，品牌形象得到了一定程度的修复。与消费者的积极互动和沟通，增强了消费者对品牌的认知和信任感，为后续的品牌发展奠定了良好的基础。

4.总结

总的来说，该品牌在放鸽子事件中迅速且有效地运用了心理学策略，成功缓解了舆情危机并修复了品牌形象。然而，此次事件也暴露出品牌在内部管理和外部沟通方面存在的问题。该品牌应吸取此次教训，加强内部沟通和外部协调，确保类似事件不再发生。同时，持续加强与消费者的互动和沟通，积极回应关切，提升品牌形象及市场竞争力。此外，也可将此次危机处理的经验分享给其他企业，共同促进行业的健康发展。

四、某食品公司火腿肠吃出活虫事件

1.事件背景

近期，一起关于某食品公司火腿肠中吃出活虫的事件引发了广泛关注。据报道，消费者在购买并食用该公司生产的火腿肠时，发现其中含有活虫，这一事件迅速在社交媒体上发酵，引发了公众的担忧和质疑。该事件对食品公司的品牌形象和市场信誉造成了严重影响。

2.心理学策略应用

面对这一突发事件，该食品公司迅速采取了以下心理学策略来应对：首先，公司及时发布了道歉声明，承认错误并向受影响的消费者表示诚挚的歉意，以缓解消费者的愤怒和失望情绪。其次，公司积极与消费者沟通，了解他们的需求和关切，同时提供相应的补偿措施，如退款、赔偿等，以安抚消费者的情绪并重建信任。最后，公司提高了信息透明度，公开了事件调查的结果和改进措施，以增强消费者的信任和满意度。

3.效果评估

经过上述心理学策略的应用,该食品公司取得了以下效果:首先,消费者的愤怒和失望情绪得到了有效缓解,品牌形象得到了一定程度的修复。其次,通过与消费者的积极互动和沟通,公司增强了消费者对品牌的认知和信任感,为后续的品牌发展奠定了良好的基础。最后,此次危机处理也提升了公司在行业内的信誉和口碑。

4.总结

总的来说,该食品公司在火腿肠吃出活虫事件中迅速且有效地运用了心理学策略,成功缓解了舆情危机并修复了品牌形象。然而,此次事件也暴露出公司在产品质量控制方面存在的问题。展望未来,该食品公司应吸取此次教训,加强内部质量管理和外部沟通机制的建设,确保类似事件不再发生。同时,公司应持续加强与消费者的互动和沟通,积极回应消费者关切并不断提升产品质量和服务水平以增强市场竞争力。

五、某食品饮料企业添加剂超标事件

1.事件背景

近期,某食品饮料企业被曝出其产品中的添加剂含量超过了国家规定的标准。此消息一出,立即引发了社会各界的广泛关注和消费者的担忧。该企业在市场上一直有着良好的口碑,但此次添加剂超标事件无疑对其品牌形象造成了严重的负面影响。消费者开始质疑该企业的产品质量和安全性，甚至有人开始抵制该企业的产品。

2.心理学策略应用

面对此次危机，该食品饮料企业迅速采取了以下心理学策略来应对：

及时公开道歉：企业首先通过官方渠道及时发布了道歉声明，承认错误，并向消费者表示深深的歉意。他们强调，消费者的健康和安全是企业最关心的事情，承诺将立即采取措施解决问题。

积极沟通，提供解决方案：企业积极与消费者沟通，解释添加剂超标的原因，并承诺对受影响的产品进行召回和替换。同时，他们还提供了一系列补偿措施，如退款、提供优惠券等，以减轻消费者的损失和不满。

增加透明度，展示改进措施：企业公开了事件的具体原因和内部的调查结果，展示了他们正在采取的改进措施。他们邀请第三方机构进行产品检测，并将结果公之于众，以增加透明度并重建消费者的信任。

3.效果评估

经过上述心理学策略的应用，该食品饮料企业取得了以下效果：

消费者情绪稳定：消费者的愤怒和担忧情绪得到了一定程度的缓解，他们开始理性看待此次事件。

品牌形象得到修复：通过企业的积极应对和透明化处理，品

牌形象正在逐步恢复。消费者开始重新评估该企业的产品和服务。

市场份额逐渐回升：虽然短期内市场份额有所下降，但随着问题的妥善解决和消费者信心的恢复，市场份额有望逐渐回升。

4.总结

此次添加剂超标事件对该食品饮料企业而言是一次严峻的考验。然而，通过及时道歉、积极沟通、提供解决方案和增加透明度等心理学策略的应用，企业成功地化解了危机并重建了消费者信任。展望未来，该企业应吸取此次教训，加强产品质量控制和食品安全管理，确保类似事件不再发生。同时，他们可以借此机会进一步提升品牌形象和市场竞争力，通过持续创新和优质服务赢得消费者的长期信任和支持。

六、某品牌手机质量问题事件

1.事件背景

某知名品牌新推出的手机在市场上受到热烈欢迎，但不久后，就有大量用户反馈手机存在严重的质量问题，如电池续航差、屏幕闪烁、系统崩溃等。这些问题迅速在社交媒体上发酵，用户的不满情绪持续升温，品牌形象受到严重损害。

2.心理学策略应用

快速响应与承认问题：面对用户的投诉和质疑，品牌方迅速做出反应，通过官方社交媒体发布声明，承认手机存在质量问题，并向受影响的用户表示歉意。这种快速响应和承认问题的态度有助于降低用户的愤怒情绪，为后续处理赢得时间。

提供解决方案与补偿措施：品牌方在声明中明确表示将为受影响的用户提供免费的维修或更换服务，并承诺延长保修期。同时，为受到严重影响的用户提供一定的经济补偿。这些解决方案和补偿措施有助于恢复用户的信任和支持。

积极沟通与情绪安抚：品牌方设立专门的服务热线和处理团队，与用户进行一对一沟通，解答疑问并提供必要的帮助。在沟通过程中，工作人员注重情绪安抚，以真诚的态度理解用户的困扰，并尽力解决他们的实际问题。这种积极沟通和情绪安抚有助于稳定用户的情绪，减少冲突和误解。

改进产品与提升服务质量：针对用户反馈的问题，品牌方组织专业团队进行深入调查和分析，找出问题根源并制定改进措施。同时，加强对生产流程的监管，确保产品质量符合标准。此外，提升售后服务质量，为用户提供更加便捷、高效的服务体验。这些举措有助于重塑品牌形象并提升用户满意度。

3.效果评估

通过上述心理学策略的应用，品牌方成功化解了一场潜在的危机。快速响应、承认问题、提供解决方案与补偿措施以及积极沟通与情绪安抚等策略的有效运用，不仅降低了用户的负面情绪和过激行为，还赢得了用户的理解和支持。虽然手机质量问题给品牌带来了一定的负面影响，但通过舆情应急处置心理学实战策略的应用，成功降低了舆论的负面效应，并维护了品牌形象。

4.总结

本案例展示了心理学在舆情应急处置中的重要性和实战策略。对于品牌方而言，面对突发舆情事件时需要迅速、准确地做出反应，并采取有效的措施稳定公众情绪、恢复品牌形象。快速响应、承认问题、提供解决方案与补偿措施以及积极沟通与情绪安抚等策略的应用，可以有效应对舆情危机并赢得公众信任和支持。未来，随着社交媒体的普及和消费者维权意识的提高，品牌方应更加重视舆情应急处置工作，加强心理学在其中的应用与研究以提升危机处理能力和品牌形象。

七、某电商平台售假事件

1.事件背景

近期，某电商平台涉嫌售卖假冒伪劣商品的丑闻被曝光。消费者发现，在该平台购买的品牌商品中存在大量假货，这引发了公众的广泛关注和媒体的深入报道。此事不仅严重损害了消费者的权益，更对该电商平台的声誉和品牌形象造成了重大冲击。消费者对该平台的信任度急剧下降，对其商品质量和监管能力产生了深刻的质疑。

2.心理学策略应用

在售假事件曝光后，该电商平台迅速采取了以下心理学策略以应对危机：

及时回应：快速承认问题，向公众道歉。

信息透明：公开调查结果，持续更新处理进展。

利用权威：邀请第三方验证，与合作品牌共同发声。

提供补偿：为受影响消费者提供退换货及优惠。

重塑形象：展示改进，加强消费者教育。

建立长效机制：严格把控货源，持续监测质量。

设立紧急应对小组：由公关、法务和运营等部门组成，专门负责快速响应和处理此类危机。

制定标准回应模板：预先准备回应模板，根据不同情况快速调整，确保回应的及时性和准确性。

开通紧急客服通道：为受影响的消费者提供专门的客服通道，快速解决他们的问题和疑虑。

与关键意见领袖（KOL）合作：请行业内有影响力的KOL发声，为平台正名或解释情况，扩大正面声音的影响力。

建立用户反馈机制：鼓励用户提供反馈，及时发现并纠正问题，从源头上减少类似事件的发生。

3.效果评估

通过上述心理学策略的应用，该电商平台取得了以下成效：

消费者情绪得到稳定：平台的及时回应和诚恳道歉在一定程度上缓解了消费者的愤怒情绪。

品牌形象开始修复：通过积极应对和透明化处理，平台的品牌形象开始逐步恢复。消费者逐渐看到平台打击假货的决心和行动。

用户黏性增强：虽然短期内用户数量有所下降，但随着问题的逐步解决和消费者信心的恢复，用户黏性有望逐渐增强。

4.总结

此次售假事件对该电商平台来说是一次严重的危机。然而，通过及时回应、诚恳道歉、积极沟通和增强透明度等心理学策略的应用，平台成功地缓解了危机并开始了重建消费者信任的过程。展望未来，该平台应深刻反思此次事件，从根本上加强商品质量和商家资质的审核与监管，确保类似事件不再发生。同时，他们可以借此机会进一步提升服务质量和用户体验，通过持续创新和严格管理赢得消费者的长期信任和支持。

八、某化妆品企业虚假宣传事件

1.事件背景

近期，某化妆品企业涉嫌虚假宣传的丑闻被曝光。消费者反映，该企业在广告中夸大其产品功效，甚至做出无法兑现的承诺，误导消费者购买。此事迅速引起了社会各界的广泛关注和媒体的深入报道。虚假宣传不仅损害了消费者的权益，更对该化妆品企业的品牌形象和市场信誉造成了严重冲击。消费者对该品牌的信任度大幅下降，对其产品的真实性和企业的诚信产生了深刻怀疑。

2.心理学策略应用

迅速回应与确认事实： 在舆情爆发后，企业应迅速回应，并立即开展内部调查，核实涉事广告内容，了解真实情况。通过官方渠道（如官方网站、社交媒体等）及时发布声明，承认问题，向消费者致歉，并承诺尽快解决。

透明沟通：建立一个专门的沟通渠道，如热线电话或在线客服，解答消费者的疑问和关切。

承担责任并采取措施：对于受影响的消费者，提供补偿措施，如退款、换货等。撤下涉嫌虚假宣传的广告，并审查所有营销材料，确保未来宣传的准确性。

积极配合监管部门：与相关监管部门保持密切联系，按照要求提交相关材料和证明。接受监管部门的指导和监督，确保整改措施得到有效执行。

重塑品牌形象：在问题解决后，通过正面宣传和公益活动来重塑品牌形象。加强产品质量和服务质量的提升，以实际行动赢得消费者信任。

持续监测舆情：使用舆情监测工具持续关注网络上的相关讨论和评价。定期对舆情进行分析和评估，以便及时发现并应对潜在问题。

3.效果评估

通过上述心理学策略的应用，该化妆品企业取得了以下成效：

消费者情绪得到稳定：企业的及时回应和诚挚道歉在一定程度上缓解了消费者的愤怒和失望情绪。

品牌形象开始修复：通过积极应对和透明化处理，企业的品牌形象开始逐步恢复。消费者逐渐看到企业整改的决心和行动。

市场份额逐渐回升：虽然短期内市场份额有所下降，但随着问题的妥善解决和消费者信心的恢复，市场份额有望逐渐回升。

4.总结

此次虚假宣传事件对该化妆品企业来说是一次严重的品牌危机。然而，通过及时回应、诚挚道歉、积极沟通和增强透明度等心理学策略的应用，企业成功地缓解了危机并开始了重建消费者信任的过程。展望未来，该企业应深刻反思此次事件，加强内部管理和广告审核流程，确保类似事件不再发生。同时，他们可以借此机会进一步提升产品质量和服务水平，通过诚信经营和持续创新赢得消费者的长期信任和支持。

九、某快餐品牌食品安全事件

1.事件背景

某知名快餐品牌被曝光存在食品安全问题，如使用过期食材、卫生条件差等。这一事件迅速在社交媒体上引发广泛关注，公众对该品牌的信任度大幅下降，品牌声誉受到严重损害。

2.心理学策略应用

恐慌和焦虑：消费者担心自己或家人可能食用了不安全的食品，对健康造成潜在威胁。

愤怒和敌对：消费者对品牌的失信行为感到愤怒，部分激进消费者甚至发起抵制该品牌的活动。

怀疑和不信任：即使品牌后来采取了整改措施，部分消费者仍对其持怀疑态度，认为品牌可能只是在做表面文章。

建立应急响应机制：品牌迅速成立危机应对小组，明确各方职责，制订详细的应对计划。同时，与公关公司合作，确保对外信息的统一性和准确性。

及时公开信息：品牌在事件发生后第一时间通过官方社交媒体发布道歉声明，承认错误并表示将立即整改。同时，主动公布整改进度和后续改进措施，以增加透明度。

倾听公众声音：品牌通过社交媒体、客服电话等渠道积极收集消费者意见和诉求，对消费者的关切进行回应。此外，还邀请消费者代表参观整改后的餐厅，以实际行动赢得消费者信任。

强化正面宣传：品牌在整改期间加强正面宣传，如发布食品安全知识普及文章、展示餐厅卫生改善情况等。同时，与意见领袖合作，通过他们的影响力引导舆情走向。

培养专业队伍：品牌加强内部培训，提高员工在食品安全、危机应对等方面的意识和能力。同时，建立专门的舆情监测团队，实时监测和分析舆情动态，为决策提供参考。

关注心理健康：品牌为员工提供必要的心理支持和疏导，帮助他们应对舆情压力。对于受到严重影响的员工，及时进行干预和治疗。

3.效果评估

经过上述实战策略的实施，品牌逐渐赢得了消费者的信任和支持。虽然事件对品牌声誉造成了一定影响，但通过积极应对和整改，品牌最终成功化解了危机。

4、总结

这个案例展示了在舆情应急处置中如何运用心理学实战策略来有效应对危机。通过了解公众的心理反应并采取相应的措施，品牌能够更好地维护自身声誉和消费者关系。

十、某互联网公司数据泄露事件

1.事件背景

某知名互联网公司因技术漏洞或内部管理不当导致大量用户数据泄露。泄露的信息包括用户的个人隐私、账号密码等敏感信息。事件被黑客或内部人员曝光后，迅速引发公众和媒体的广泛关注，用户对公司的信任度急剧下降，品牌形象受到严重损害。

2.心理学策略应用

快速响应与确认事实：面对数据泄露事件，公司迅速启动应急响应机制，组织技术团队对事件进行全面调查，并尽快确认事实。同时，通过官方渠道发布声明，承认数据泄露事件的真实性，向受影响的用户表示歉意，并承诺将采取一切必要措施保障用户信息安全。这种快速响应和确认事实的态度有助于降低用户的恐慌和愤怒情绪。

透明沟通与信息披露：公司保持与用户的透明沟通，及时披露事件进展和处理情况。通过官方网站、社交媒体等渠道定期发布更新信息，回答用户疑问，消除用户顾虑。同时，积极配合相关部门的调查和处理，加强内部管理，对涉事人员进行严肃处理，并公开处理结果，以儆效尤，以展现其诚信和负责任的态度。这种透明沟通和信息披露有助于恢复用户的信任和支持。

　　提供补救措施与加强安全防护：针对数据泄露事件，公司提供受影响的用户必要的补救措施，如密码重置、账号冻结、提供安全建议等。同时，加强公司的安全防护措施，修复技术漏洞，提升内部管理水平，确保类似事件不再发生。这些举措有助于减轻用户的损失并提升公司的安全防护能力。

　　情绪安抚与品牌形象重塑：在事件处理过程中，公司注重情绪安抚工作，通过官方声明、客服热线等方式向用户传递关心和支持的信息，为受影响的用户提供适当的补偿，如赠送优惠券、延长会员期限等，以缓解用户的不满情绪。同时，积极参与公益活动和社会责任项目，提升品牌形象和公众认可度。这些举措有助于稳定用户情绪并重塑品牌形象。

3.效果评估

　　通过上述心理学策略的应用，公司成功化解了一场潜在的危机。快速响应、透明沟通、提供补救措施与加强安全防护以及情绪安抚与品牌形象重塑等策略的有效运用，不仅降低了用户的负面情绪和过激行为，还赢得了用户的理解和支持。虽然数据泄露事件给公司带来了一定的负面影响，但通过舆情应急处置心理学实战策略的应用，成功降低了舆论的负面效应，并维护了品牌形象。

4.总结

本案例展示了心理学在舆情应急处置中的重要性和实战策略。

对于互联网公司而言，面对突发舆情事件时需要迅速、准确地做出反应，并采取有效的措施稳定公众情绪、恢复品牌形象。通过快速响应、透明沟通、提供补救措施与加强安全防护以及情绪安抚与品牌形象重塑等策略的应用，可以有效应对舆情危机并赢得公众信任和支持。未来，随着互联网的普及和网络安全风险的增加，互联网公司应更加重视舆情应急处置工作，加强心理学在其中的应用与研究以提升危机处理能力和品牌形象。

十一、某明星代言产品虚假宣传事件

1.事件背景

某知名明星因其广泛的影响力和粉丝基础，被某品牌选中为其新产品代言。然而，该产品不久后就被曝出存在虚假宣传问题，如夸大产品功效、隐瞒产品缺陷等。这些问题迅速在社交媒体上发酵，引发公众对该明星和品牌的质疑与批评。

2.心理学策略应用

快速响应与道歉：面对舆情危机，该明星及其团队迅速做出反应，通过社交媒体发布道歉声明，承认在代言过程中未能充分了解产品信息和宣传内容，对消费者造成的误导表示歉意。这种快速的响应和道歉有助于减轻公众的愤怒情绪，并为后续处理赢得时间。

切割与品牌的关系：在道歉声明中，明星明确表示将终止与该品牌的合作关系，并承诺未来在代言前将更加谨慎地了解产品信息。这一举措有助于划清界限，减轻公众对明星个人的负面评价。

积极沟通与合作：明星及其团队主动与媒体和消费者进行沟通，解答疑问并提供必要的支持。同时，积极配合相关部门的调查和处理，以展现其诚信和负责任的态度。

形象重塑与公益行动：为了修复受损的形象，该明星积极参与公益活动，并通过社交媒体分享正能量内容，以展现其积极、健康的一面。这些行动有助于重新树立公众对明星的正面评价。

3.效果评估

通过上述心理学策略的应用，该明星成功缓解了公众的质疑和批评情绪，并逐渐恢复了其形象。虽然虚假宣传事件给其带来了一定的负面影响，但通过及时、诚恳的道歉和积极的补救措施，该明星赢得了公众的谅解和支持。同时，这也为其他明星和品牌在面临类似危机时提供了有益的参考和借鉴。

4.总结

本案例展示了心理学在舆情应急处置中的重要性和实战策略。对于明星而言，其个人形象与品牌价值紧密相连，因此在面临舆情危机时需要更加谨慎地应对。通过快速响应、道歉、切割与品牌关系、积极沟通与合作以及形象重塑等策略的应用，可以有效降低负面影响并恢复公众信任。未来，随着社交媒体和大数据技术的不断发展，舆情应急处置将面临更多挑战和机遇。明星及其团队应继续加强心理学在舆情应急处置中的应用与研究，提高应对能力和效率。

十二、某知名汽车品牌召回事件

1.事件背景

某知名汽车品牌因其生产的某款车型存在安全隐患，决定进行全球范围内的召回。然而，召回消息发布后，部分消费者对该品牌的处理态度和召回措施表示不满，认为品牌方反应迟缓、处理不当。这些负面舆论在社交媒体上迅速传播，对品牌形象造成了严重损害。

2.心理学策略应用

发布情感化的致歉信： 品牌方应发布一封情感真挚的致歉信，表达对消费者担忧和不满的理解，同时强调品牌始终把消费者的安全放在首位。

展示关心： 通过社交媒体和官方网站等渠道，积极回应消费者的担忧，用温暖的语言表达关心，让消费者感受到品牌的真诚。

详细解释召回原因： 公开、详细地解释车型存在的安全隐患及可能导致的后果，让消费者明白召回的紧迫性和必要性。

实时更新召回进度： 通过官方网站或App等渠道，实时更新召回进度，让消费者随时了解召回工作的最新动态，减少焦虑和不安。

邀请第三方机构评估： 请独立的第三方安全机构对召回措施进行评估和认证，以增强消费者对召回工作的信任度。

展示专业团队的支持： 介绍品牌方负责召回工作的专业团队，

包括技术专家、客服人员等，让消费者感受到品牌的专业性和负责任态度。

提供额外的服务或优惠：为受影响的消费者提供额外的服务，如免费检测、维修优惠等，以减轻他们的经济负担和心理压力。

建立积分或奖励机制：设立积分或奖励机制，鼓励消费者积极参与召回并配合相关工作，提高他们的参与度和满意度。

建立快速响应机制：建立完善的快速响应机制，以便在未来出现类似问题时能够迅速做出反应，减少消费者损失。

3.效果评估

通过上述心理学策略的应用，汽车品牌成功化解了一场潜在的危机。快速响应、公开道歉、提供详细信息与解释以及积极沟通与情绪安抚等策略的有效运用，不仅降低了消费者的负面情绪和过激行为，还赢得了消费者的理解和支持。虽然召回事件给品牌带来了一定的负面影响，但通过舆情应急处置心理学实战策略的应用，成功降低了舆论的负面效应，并维护了品牌形象。

4.总结

本案例展示了心理学在舆情应急处置中的重要性和实战策略。对于汽车品牌而言，面对突发舆情事件时需要迅速、准确地做出反应，并采取有效的措施稳定公众情绪、恢复品牌形象。快速响应、公开道歉、提供详细信息与解释以及积极沟通与情绪安抚等策略的应用，可以有效应对舆情危机并赢得公众信任和支持。未来，随着社交媒体的普及和消费者维权意识的提高，汽车品牌应更加重视舆情应急处置工作，加强心理学在其中的应用与研究以提升危机处理能力和品牌形象。

第二节 政府部门舆情危机实战案例分析

一、某地轿车撞人逃逸事件

2021年，某地发生了一起严重的交通事故，一辆黑色轿车撞击多人后逃逸，造成5人死亡，5人受伤。此事件迅速引发了社会广泛关注和强烈的舆情反响。

1.舆情危机成因

事件本身的严重性：轿车撞人逃逸事件造成了多人伤亡，这一恶性事件本身就极具震撼性，容易引发公众的关注和讨论。

信息的不对称与缺乏透明度：在事件初期，信息不透明，公众对事件的了解有限，导致了各种猜测和谣言的传播，加剧了舆情危机。

社交媒体的放大效应：社交媒体平台上，用户可以自由发表意见，这一事件在社交媒体上迅速传播，各种观点和猜测层出不穷，进一步推动了舆情危机的形成。

2.舆情危机影响

公众恐慌与不信任：事件的恶性程度以及信息的不透明，使得公众产生恐慌情绪，并质疑政府和相关部门的处理能力。

政府形象受损：此次事件对政府形象造成了一定程度的损害，公众可能会认为政府在处理此类事件上存在不足。

社会舆论压力：舆情危机给政府和社会带来了巨大的舆论压力，要求政府迅速、透明地处理事件，给公众一个合理的解释和交代。

3.应对策略

及时发布权威信息：政府应迅速发布权威信息，澄清事实，消除误解和谣言，稳定公众情绪。

加强与公众的沟通：政府应积极与公众沟通，解释事件原因和处理进展，增强公众对政府的信任。

依法严惩肇事者：政府应依法严惩肇事者，以彰显法律的公正和威严，同时给公众一个明确的交代。

4.总结与反思

轿车撞人逃逸事件引发的舆情危机，暴露出政府在信息公开、危机应对等方面的不足。为避免类似事件的再次发生，政府应加强信息公开和透明度建设，及时回应公众关切；同时，加强社会心理疏导和危机公关能力培训，提高政府应对舆情危机的能力。此外，公众也应保持理性思考，不盲目跟风传播未经证实的信息，共同维护社会和谐稳定。

二、某地持刀伤人致死事件

2021年，某地发生了一起持刀伤人致死事件。此事件因涉及宝马车、黑衣男子、砍人等多个敏感元素，迅速引发了社会广泛关注和热议。

1.舆情危机成因

敏感元素叠加：该事件中，宝马车、黑衣男子、砍人等元素叠加，使得事件具有很高的话题性和关注度，容易引发公众的广泛讨论。

视频传播的冲击：现场监控视频的流出，直观地展示了事件的暴力场面，对公众产生了强烈的视觉冲击，进一步加剧了舆情的发酵。

社交媒体传播效应：社交媒体上用户之间的信息传播速度快，范围广，使得该事件迅速成为热议话题，推动了舆情危机的形成。

2.舆情危机影响

社会恐慌：该事件的恶劣性质在公众中引发了恐慌情绪，人们对社会安全问题产生担忧。

对政府公信力的挑战：由于事件涉及多个敏感元素，公众对政府的处理能力产生了怀疑，政府公信力受到挑战。

媒体报道的热度：该事件成为各大媒体报道的焦点，进一步扩大了舆情危机的影响。

3.应对策略

及时公开信息：政府和相关部门应及时公开事件进展和处理结果，以消除公众的疑虑和不安。

加强舆情监测：密切关注社交媒体等渠道上的舆情动态，及时发现并应对不实信息和谣言。

强化安全宣传：通过多渠道进行安全宣传，提高公众的安全意识，减少类似事件的发生。

4.总结与反思

持刀伤人致死事件引发的舆情危机，再次提醒我们舆情管理的重要性。政府和相关部门应加强对敏感事件的预警和应对能力，及时公开信息，稳定公众情绪。同时，媒体和公众也应保持理性，不传播未经证实的信息，共同维护社会稳定。未来，我们应加强社会安全宣传，提高公众的安全意识，为构建和谐社会贡献力量。

三、某地冻肉公共危机事件

2018年，某地发生了一起因走私冻肉制品被查封并深埋处理而引发的公共危机事件。此事件因涉及食品安全、环保等多个敏感话题，迅速引发了社会广泛关注和热议。

1.舆情危机成因

走私冻肉的敏感性：走私冻肉制品本身就是一个敏感话题，涉及食品安全、法律法规等多个层面，容易引起公众的关注。

深埋处理的不透明性：当地政府对走私冻肉进行了深埋处理，但处理过程可能缺乏足够的透明度，导致公众质疑处理方式。

媒体报道的推动作用：媒体对该事件的报道进一步推动了舆情的发酵，使该事件迅速成为公众关注的焦点。

2.舆情危机影响

公众质疑：公众质疑政府处理走私冻肉的方式，担心食品安全问题，并对政府的监管能力表示怀疑。

政府形象受损：该事件使政府形象受到一定程度的损害，公众可能认为政府在处理此类事件上存在问题。

社会信任危机：该事件可能引发公众对食品安全监管体系的不信任，进而影响到社会的稳定和谐。

3.应对策略

增加透明度：政府应公开走私冻肉的处理过程，解答公众的疑惑，增加处理过程的透明度，以减少误解和质疑。

加强沟通：政府应积极与公众沟通，解释处理走私冻肉的原因和必要性，以及采取的措施，以增强公众的理解和信任。

严格监管：政府应加强对走私冻肉的监管力度，打击走私行为，保障食品安全，以重建公众对政府的信任。

4.总结与反思

冻肉公共危机事件提醒我们，政府在处理敏感事件时应更加注重透明度和公众沟通。增加处理过程的透明度、加强与公众的沟通以及加强监管力度等措施，可以有效应对舆情危机并重建公众信任。未来，政府应持续加强食品安全监管，确保类似事件不再发生，以维护社会稳定和谐。同时，公众也应保持理性思考，不盲目跟风传播未经证实的信息，共同维护社会秩序。

四、某化工厂发生泄漏事件

某市近期因一起环保事件引发舆情危机。一家化工厂发生泄漏事故，导致周边居民区受到污染。相关部门未及时公开信息、有效应对，导致舆情迅速升温，民众对政府的不满情绪高涨。

1.舆情危机成因

信息不透明：相关部门在事故发生后未及时公开信息，导致民众对事故的严重性和影响范围产生恐慌和猜测。

应对不力：相关部门在事故初期未能采取有效措施进行应对，导致污染扩散，加剧了民众的担忧和不满。

2.舆情危机影响

政府信任度下降：民众质疑政府处理事故的能力，政府形象受到损害。

社会不稳定因素增加：民众因担忧自身健康和安全，可能采取过激行为，导致社会不稳定。

3.应对策略：

及时公开信息：政府应迅速成立应急小组，全面收集事故信息，并通过官方渠道及时发布，以消除民众的恐慌和猜测。

加强与民众沟通：政府应积极与受影响的居民进行沟通，听取他们的诉求和建议，并及时回应关切，以缓解民众的不满情绪。

采取有效措施：政府应迅速组织专业力量进行事故处理和污染治理，确保民众的生命安全和身体健康。

责任追究：政府应依法追究事故责任人的法律责任，并向社会公布处理结果，以彰显政府的公正和决心。

4.总结与反思

本案例中，政府舆情危机的根源在于相关部门信息不透明和应对不力。为避免类似事件的再次发生，政府应加强信息公开和舆情监测工作，提高应对突发事件的能力。同时，政府还应加强与民众的沟通与互动，增强民众对政府的信任和支持。在未来的工作中，政府应不断完善舆情危机应对机制，提高舆情应对水平，以维护社会稳定和政府形象。

五、某市天价鱼事件

某市某餐厅被消费者曝光消费价格过高，引起广泛关注。面对这一舆情危机，该市相关部门的反应却相对迟缓，对消费者的投诉和质疑回应不够及时和有效。这导致了网民的集体愤怒，进一步加剧了舆情危机。

1.舆情危机成因

消费价格异常：某餐厅被曝光消费价格过高，这是引发舆情危机的直接原因。在消费者心中，价格与价值的严重不符引发了广泛的关注和质疑。

政府部门反应迟缓：该地相关部门在事件发生后反应相对迟缓，未能及时回应消费者的投诉和质疑，这进一步加剧了舆情危机。

2.舆情危机影响

网民集体愤怒：由于政府部门回应不及时，网民对此事件表示出集体的愤怒和不满，对政府部门的公信力产生了怀疑。

社会关注度提升：此事件引发了社会的广泛关注，人们对旅游市场的规范性和消费者权益保护产生了更多的思考。

政府形象受损：该地相关部门的迟缓反应导致政府形象受到损害，公众对政府的信任度降低。

3.应对策略

及时回应与公开透明：政府部门应迅速回应消费者的投诉和质疑，公开相关信息，增加透明度，以减少误解和质疑。

加强监管：政府部门应加强对旅游市场的监管力度，打击价格欺诈等违法行为，保护消费者权益。

积极与民众沟通：政府部门应积极与民众沟通，解释原因和处理措施，以消除误解和不满情绪。

4.总结与反思

天价鱼事件反映出政府部门在应对舆情危机时存在的问题和不足。为避免类似事件的再次发生，政府部门应加强预警机制、提高反应速度并积极与民众沟通。同时，政府部门还应加强对旅游市场的监管力度、建立完善的消费者权益保护机制并加强对相关从业人员的培训和管理以提高其服务质量和职业素养。这些措施的实施可以有效地预防类似事件的发生并维护社会稳定和谐。此外在舆情危机发生时政府部门应迅速采取措施进行应对以最大限度地减少对政府公信力的损害并恢复民众对政府的信任和支持。

六、某地街道办工作人员与村民冲突事件

2020年，某地街道办工作人员及城管人员在某村开展劝导工作时，与该村村民发生肢体冲突，导致多名村民和工作人员受伤。事件发生后，微博热搜出现该话题，阅读量达百万次，引发广泛关注和讨论。

面对舆情危机，该地政府迅速采取措施。区长到该村现场向村民鞠躬道歉，态度诚恳，并表示拆迁工作停止，永远不再拆迁。同时，政府门户网站中关于该村的拆迁问题，也回复为"由于该村搬迁条件不成熟，经研究，区委、区政府决定不再进行搬迁工作"。这些措施有效地缓解了村民的不满情绪，也赢得了公众的认可。

1.舆情危机成因

现场劝导工作引发冲突：街道办工作人员及城管人员在该村开展劝导工作时，与村民之间的沟通不畅或方法不当，导致双方情绪激化，最终升级为肢体冲突。

社交媒体传播效应：在当今信息化社会，任何突发事件都可能迅速通过社交媒体传播开来。该冲突事件被现场目击者或参与者拍摄并上传至网络平台，迅速引发广泛关注。

2.舆情危机影响

公众关注度飙升：该事件上微博热搜话题阅读量达百万次，

显示出公众对此事件的极高关注度。

政府形象受损：由于事件涉及政府工作人员与民众的冲突，公众对政府的信任度降低，政府形象受到损害。

社会舆论压力增大：事件引发广泛讨论，各种观点和猜测层出不穷，给政府带来巨大的舆论压力。

3.应对策略

迅速回应并澄清事实：政府应尽快发布官方声明，澄清事件经过，表明政府对此事的态度和处理决心，以减少误解和猜测。

深入调查并严肃处理：成立专项调查组，对事件进行深入调查，依法依规处理涉事人员，以彰显政府的公正和权威。

加强与民众的沟通互动：通过多渠道与民众进行沟通，了解民众诉求，解答民众疑惑，积极回应社会关切。

4.总结与反思

此次冲突事件引发的舆情危机，暴露出政府在执行公务和应对突发事件方面存在的不足。为避免类似事件的再次发生，政府应做好以下方面工作：

加强对工作人员的培训和管理，提高其服务意识和法律意识，确保在执行公务时能够尊重民众、依法行事。

加强与民众的沟通交流，及时了解民众需求，积极回应社会关切，以维护社会稳定和谐。

通过此次事件的反思与改进，政府可以进一步提升公信力，赢得民众的理解和支持。

第三节 突发公共事件舆情危机 实战案例分析

一、某化工厂爆炸事件

某市一化工厂发生爆炸事故，造成多人伤亡和周边环境污染。事故发生后，现场照片和视频迅速在社交媒体上传播，引发公众广泛关注和讨论。由于事故涉及人员伤亡和环境污染等敏感问题，舆情危机迅速升级。

1.舆情危机发展过程

信息传播阶段： 事故发生后，现场照片和视频被目击者上传至社交媒体，迅速引发关注。同时，部分网民开始猜测事故原因和伤亡情况，并质疑化工厂的安全管理。

情绪激化阶段： 随着信息的不断传播，公众对事故的关注度逐渐上升。政府部门在事故初期的信息发布不及时、不透明，导致网民情绪激化，出现对政府部门和化工厂的强烈不满和谴责。

谣言传播阶段： 在舆情危机中，部分不实信息和谣言开始在社交媒体上传播，如夸大伤亡人数、捏造事故原因等。这些谣言进一步加剧了公众的恐慌和不满情绪。

2.政府部门应对策略

启动应急预案：政府部门在事故发生后迅速启动应急预案，组织救援力量进行现场救援和治理工作。同时，成立专门的工作组负责舆情应对和信息发布。

加强信息发布：政府部门通过官方网站、新闻发布会等渠道及时发布事故进展和救援情况，回应公众关切。针对谣言和不实信息，政府部门及时辟谣并公布真相。

与媒体和公众互动：政府部门积极与媒体和公众互动，解答疑问、澄清误解。通过社交媒体等渠道与网民进行沟通交流，缓解紧张情绪。

3.效果评估与反思

效果评估：政府部门的及时回应和有效措施在一定程度上缓解了舆情危机。随着救援工作的推进和信息发布的透明化，公众情绪逐渐稳定下来。然而，政府部门在事故初期的信息发布不及时、不透明仍是此次舆情危机的主要教训。

反思与改进：政府部门应加强对突发公共事件的舆情监测和分析能力，及时发现并应对舆情危机。同时，提高信息发布的及时性和透明度，加强与媒体和公众的互动沟通。此外，还应加强对网络谣言的打击力度，维护良好的信息传播秩序。

4.总结

突发公共事件舆情危机对政府部门的应对能力提出了严峻挑战。政府部门应提高舆情应对意识，加强舆情监测和分析能力，及时发布权威信息以正视听。同时，加强与媒体和公众的互动沟通，共同维护社会稳定和公共利益。

二、某城市地铁故障事件

1.舆情危机发展过程

在某工作日的高峰时段，某城市地铁突然发生故障，导致多列列车晚点，大量乘客滞留。由于事发突然，许多乘客被迫在车站等待，情绪逐渐焦躁。随着滞留时间的延长，乘客们开始通过社交媒体表达不满，并通过各种渠道进行投诉。很快，这一事件在网络上引发了广泛关注，相关话题迅速登上热搜，形成了舆情危机。

2.政府部门应对策略

面对舆情危机，政府部门迅速采取了以下应对策略：

及时通报情况：政府部门通过官方微博、微信公众号等渠道及时通报了地铁故障的情况，向乘客表示歉意，并承诺尽快解决问题。

启动应急预案：政府部门迅速启动了应急预案，调动公交、出租车等交通工具进行接驳，以减轻地铁压力，并尽快疏散滞留乘客。

积极与乘客沟通：政府部门通过现场工作人员和社交媒体与乘客保持沟通，解答乘客疑问，安抚乘客情绪。

3.效果评估与反思

政府部门的应对策略在一定程度上缓解了舆情危机。及时的信息通报和应急预案的启动有助于稳定乘客情绪，减少恐慌和不满。同时，积极与乘客沟通也增强了政府的公信力。

然而，也有值得反思的地方。首先，政府部门应更加注重预防措施，加强设备维护和检修，减少故障发生的概率。其次，在应对舆情危机时，应更加注重与乘客的沟通方式，避免引发更大的不满和质疑。

4.总结

本次地铁故障事件引发的舆情危机对政府部门提出了严峻挑战。政府部门通过及时通报情况、启动应急预案和积极与乘客沟通等策略有效地缓解了危机。然而，政府部门仍需加强预防措施和与乘客的沟通技巧以进一步提升应对舆情危机的能力。在未来的工作中政府部门应持续关注乘客需求加强设备维护和检修工作以确保地铁系统的稳定运行。同时，政府部门还应建立完善的舆情应对机制提高应对舆情危机的效率。通过不断改进和完善相关措施，政府部门可以更好地服务乘客并维护社会稳定和谐。

三、某城市食品安全事件

某城市突发一起食品安全问题，多家餐饮企业被曝出使用过期食材、卫生条件差等问题。随着事件的发酵，越来越多的餐饮企业被卷入其中，公众对食品安全问题的关注度不断升温。

1.舆情危机发展过程

曝光初期： 最初只有几家餐饮企业被曝出问题，但由于食品安全问题的敏感性，该事件迅速引发了公众的关注和担忧。社交媒体上开始出现相关话题的讨论，并迅速扩散。

舆情升级： 随着事件的深入调查和媒体的持续报道，越来越多的餐饮企业被曝出存在食品安全问题。公众的不满和愤怒情绪逐渐升温，要求政府部门加强监管、严厉打击违法行为的呼声越来越高。

谣言与猜测： 在舆情危机中，一些不实信息和谣言开始在社交媒体上传播。例如，有人称某些餐饮企业使用了有毒食材，导致多人中毒。这些谣言进一步加剧了公众的恐慌和不满情绪。

2.政府部门应对策略

政府部门响应： 政府部门迅速启动应急预案，组织相关部门开展调查处理工作。同时，加强信息发布的及时性和透明度，通过官方渠道发布权威信息，以正视听。针对谣言和不实信息，政府部门及时辟谣并公布真相。

加强监管： 政府部门加大对餐饮行业的监管力度，对存在问题的企业进行整改和处罚。同时，加强对食品生产、加工、销售等环节的监督检查，确保食品安全。

引导舆论： 政府部门积极与媒体沟通协调，引导媒体客观公正地报道事件进展和处理情况。同时，加强在社交媒体上的宣传引导工作，提高公众对食品安全问题的认知和理解。

3.效果评估与反思

经过政府部门的积极应对和有效措施，舆情危机逐渐得到平息。公众对政府的信任度有所恢复，对食品安全问题的关注度也逐渐降低。

4.总结

政府部门应认真总结舆情危机的经验教训，并加强相关方面的能力建设，以提高应对未来类似事件的能力。同时，还需要关注公众需求，并及时回应社会关切，以维护社会稳定和公共利益。

四、某地区自然灾害事件

某地区近日遭遇了地震和洪水的连续自然灾害，造成了严重的人员伤亡和财产损失。

1.舆情危机发展过程

灾害发生后，相关信息迅速在社交媒体和网络平台上传播开来。由于灾害的严重性和影响范围广泛，公众对此事的关注度极高。随着伤亡数据的公布和现场救援情况的更新，舆情逐渐升温。部分网民对救援进度、灾后重建等问题提出了疑问，甚至出现了对政府应对能力的负面评价，形成了舆情危机。

2.政府部门应对策略

面对突发的自然灾害和随之而来的舆情危机，政府部门采取了以下应对策略：

及时发布信息：政府部门通过官方渠道及时发布了灾害情况、伤亡人数以及救援进展等信息，确保公众能够获取准确的第一手资料。

积极组织救援：迅速调动各方力量，包括军队、消防、医疗等，全力进行救援工作，并实时更新救援动态，展现政府的积极态度。

回应网民关切：针对网民的质疑和批评，政府部门及时回应，解释救援难度、资源调配等实际情况，消除误解和不必要的恐慌。

启动灾后重建计划：在救援工作进行的同时，政府也公布了灾后重建的初步计划，以安定民心，给受灾群众以希望。

3.效果评估与反思

政府部门的应对策略在一定程度上缓解了舆情危机。及时的信息发布和透明的救援过程增强了政府的公信力，回应网民关切也减少了误解和负面情绪的蔓延。然而，也有值得反思的地方。例如，在灾害发生初期，信息发布的速度和频率还可以进一步提高，以减少恐慌和谣言的传播。同时，政府部门在应对舆情时，应更加注重与网民的互动，积极采纳合理建议，提升救援和重建工作的效率。

4.总结

自然灾害带来的不仅是人员和财产的损失，还有舆情危机对政府形象的挑战。政府部门通过及时发布信息、积极组织救援、回应网民关切以及启动灾后重建计划等策略，有效地应对了舆情危机。未来，政府部门还须在信息发布、舆情监测和与网民互动等方面持续改进，以更好地应对类似事件，维护社会稳定和谐。

五、某大型城市突发严重交通事故

某大型城市突发一起严重交通事故造成多人伤亡。事故现场惨烈，引发公众广泛关注和强烈反响。由于事发突然且涉及公众安全问题，该事件迅速演变为一场舆情危机。

1.舆情危机发展过程

近日，某大型城市突发一起严重交通事故，造成多人伤亡。由于事故现场惨烈，很快引发了公众的广泛关注和强烈反应。现场照片和视频在网络上迅速传播，激起了民众的广泛讨论。人们对于事故原因、伤亡情况、救援措施等议论纷纷，对交通安全问题表达了深切的担忧。一些不负责任的言论和猜测也开始在网络上流传，形成了舆情危机。

2.政府部门应对策略

面对这起严重的交通事故及其引发的舆情危机，政府部门迅速采取了以下应对策略：

及时通报事故情况：政府部门在事故发生后迅速发布了官方通报，详细说明了事故的基本情况、伤亡人数以及救援进展，以避免谣言的传播。

全力开展救援：政府部门迅速组织救援力量，赶赴现场进行救援，并确保伤者得到及时治疗。

加强舆情监测与引导：政府部门密切关注网络舆情动态，及时发现并澄清不实信息，引导公众理性看待事故。

配合媒体进行公开报道：政府部门积极与主流媒体合作，提供准确的事故信息和救援进展，以增强信息的透明度。

3.效果评估与反思

政府部门的应对策略在缓解舆情危机方面取得了一定的效果。及时的事故通报和救援行动展现了政府的责任感和行动力，有效地遏制了谣言的传播。同时，与媒体的紧密合作也增强了信息的透明度，帮助公众更好地了解事故情况和救援进展。

然而，也有一些值得反思的地方。政府部门在舆情监测和引导方面还有待加强，应更加及时地发现并应对不实信息和负面舆情。此外，政府部门还须进一步提高危机应对能力，以便更好地处理类似突发事件。

4.总结

这起严重交通事故引发的舆情危机对政府部门提出了严峻挑战。通过及时通报事故情况、全力开展救援、加强舆情监测与引导以及配合媒体进行公开报道等策略，政府部门有效地缓解了舆情危机。然而，政府部门仍需加强舆情监测和引导能力，并进一步提高危机应对水平。未来，政府部门应持续关注交通安全问题，加强预防措施，以确保公众的安全。

六、某市地铁脱轨事故

某市地铁发生脱轨事故，造成多人伤亡，地铁线路中断。事故发生后，现场照片和视频迅速在社交媒体上传播，引发公众广泛关注和讨论。由于事故涉及公共安全和交通出行等敏感问题，舆情危机迅速升级。

1.舆情危机发展过程

信息快速传播：事故发生后不久，现场照片和视频被目击者上传至各大社交媒体平台。这些直观、生动的信息迅速引发公众关注，转发量和评论量激增。

公众情绪激化：随着信息的不断传播，公众对事故的关注度逐渐上升。由于事故造成多人伤亡，且影响地铁正常运营，公众情绪逐渐激化。部分网民开始质疑地铁公司的安全管理、政府部门的监管能力。

谣言与猜测泛滥：在舆情危机中，部分不实信息和谣言开始在社交媒体上传播。例如，有人猜测事故是由地铁设备老化、维护不足导致的；还有人夸大伤亡人数，制造恐慌情绪。这些谣言进一步加剧了公众的恐慌和不满情绪。

2.政府部门应对策略

迅速启动应急预案：政府部门在事故发生后迅速启动应急预案，组织救援力量进行现场救援和恢复工作。同时，成立专门的工作组负责舆情应对和信息发布。

及时公开信息：政府部门通过官方网站、新闻发布会等渠道及时发布事故进展、伤亡情况和救援动态。针对谣言和不实信息，政府部门及时辟谣并公布真相，以正视听。

积极与公众互动：政府部门通过社交媒体等渠道积极与公众互动，解答疑问、澄清误解。针对公众关注的焦点问题，政府部门主动回应，消除公众疑虑。

加强后续处理与监管：事故处理完毕后，政府部门加强对地铁公司的监管力度，督促其加强设备维护和安全管理。同时，对事故原因进行深入调查和分析，防止类似事故再次发生。

3.效果评估与反思

效果评估：政府部门的及时回应和有效措施在一定程度上缓解了舆情危机。随着救援工作的推进和信息发布的透明化，公众情绪逐渐稳定下来。然而，政府部门在事故初期的信息发布不及时、不透明仍是此次舆情危机的主要教训。

反思与改进：政府部门应加强对突发公共事件的舆情监测和分析能力，及时发现并应对舆情危机。同时，提高信息发布的及时性和透明度，加强与媒体和公众的互动沟通。此外，还应加强对相关企业和行业的监管力度，确保公共安全和利益不受损害。

4.总结

突发公共事件舆情危机对政府部门的应对能力提出了严峻挑战。政府部门应提高舆情应对意识，加强舆情监测和分析能力，及时发布权威信息以正视听。同时，加强与媒体和公众的互动沟通，共同维护社会稳定和公共利益。在未来的工作中，部门应不断完善应急预案和舆情应对机制，提高应对突发公共事件的能力。

七、某大型商业综合体火灾事故

某城市一大型商业综合体发生火灾，火势迅速蔓延，造成多人被困。消防部门迅速出动，展开救援行动。然而，由于火势猛烈，救援难度较大，最终导致多人伤亡。事故发生后，社交媒体上迅速出现了现场照片和视频，引发了公众的广泛关注和讨论。

1.舆情危机发展过程

曝光与关注：事故发生后不久，社交媒体上便出现了现场照片和视频，引发了公众的广泛关注。由于事发地点为大型商业综合体，人流量大，影响面广，舆情迅速升温。

质疑与猜测：随着事件的发酵，公众开始质疑事故原因、救援行动等方面。一些人猜测火灾可能是由商业综合体内部设施老化、安全管理不到位导致的；还有人质疑消防部门的救援能力和效率。这些质疑和猜测进一步加剧了舆情危机。

谣言与恐慌：在舆情危机中，一些不实信息和谣言开始在社交媒体上传播。例如，有人称火灾造成了大量人员伤亡，甚至有人故意夸大伤亡数字制造恐慌情绪。这些谣言进一步加剧了公众的恐慌和不满情绪。

2.政府部门应对策略

面对突发的火灾舆情危机，政府部门迅速采取了以下应对策略：

及时发布官方信息：政府部门通过官方渠道及时发布了火灾情况、救援进展以及伤亡人数等准确信息，以避免谣言的传播，并确保公众获取真实情况。

全力展开救援：消防部门迅速出动，投入大量人力和物力进行救援行动，尽最大努力减少伤亡和财产损失。

积极回应公众关切：政府部门针对公众的质疑和批评，积极回应并解释救援难度、火势控制等实际情况，以减少误解和不满情绪。

启动事故调查：政府部门宣布将彻底调查火灾原因，并承诺对责任人进行严肃处理，以维护公众的安全和权益。

3.效果评估与反思

政府部门的应对策略在一定程度上缓解了舆情危机。通过及时发布官方信息和积极回应公众关切，政府展现了透明和负责的态度，增强了公信力。全力展开的救援行动也体现了政府对人民生命安全的高度重视。

然而，也有一些值得反思的地方。首先，政府部门在火灾预防和监管方面需进一步加强，以避免类似事故的再次发生。其次，在舆情应对过程中，政府部门应更加注重与公众的互动和沟通，及时解答疑惑，消除恐慌情绪。

4.总结

此次火灾事故引发的舆情危机对政府部门提出了严峻挑战。通过及时发布官方信息、全力展开救援、积极回应公众关切等策略，政府部门有效地应对了舆情危机。然而，政府部门仍需加强火灾预防和监管工作，并在舆情应对中更加注重与公众的互动和沟通。未来，政府部门应持续关注公共安全问题，加强预防措施，以确保人民的生命财产安全。

八、某城市水源污染事件

某城市的主要水源地突发污染事件，导致城市供水系统受到严重影响。初步调查显示，污染源自一家附近的化工厂泄漏。随着污染物的扩散，城市居民开始报告自来水的异味和颜色变化。社交媒体上迅速出现了大量关于水源污染的照片和视频，引发了公众的恐慌和不满。

1.危情与舆情危机发展过程

危情发生：城市的主要水源地突发污染，源自附近一家化工厂的泄漏。随着污染物的扩散，城市供水系统受到严重影响。

舆情发酵：随着城市居民开始报告自来水的异味和颜色变化，社交媒体上出现大量关于水源污染的照片和视频，引发了公众的恐慌和不满。人们对水质安全的担忧迅速在社交媒体上蔓延。

2.应对策略与效果

紧急响应：政府和相关部门迅速启动应急预案，对化工厂进行调查，并采取措施阻止污染物进一步扩散。同时，政府发布公开信息，承认问题并承诺尽快解决。

安抚公众情绪：政府通过多渠道向公众通报情况，解释原因，并承诺尽快恢复供水质量。同时，加强水质监测，确保供水安全。

提供临时供水方案：政府协调各方资源，为居民提供安全的饮用水，以缓解居民的用水需求。

效果：这些措施在一定程度上缓解了公众的恐慌情绪，并展示了政府对危机处理的积极态度。然而，舆情危机仍未完全解除，公众对水质安全的担忧依然存在。

3.效果评估与反思

效果评估：政府和相关部门的应对措施在一定程度上缓解了舆情危机，但仍需进一步努力以完全恢复公众对水质安全的信心。

反思与改进：此次危机暴露出水源地保护、水质监测和应急响应等方面的问题。未来，政府应加强对水源地的保护，提高水质监测的频次和准确性，并增强应急响应能力。

4.总结

本次水源地污染事件引发了严重的舆情危机。政府和相关部门虽然采取了一系列应对措施，但仍需继续努力以完全解决危机。未来应重视水源地保护和水质监测工作，提高应急响应能力，以确保类似事件不再发生。同时，加强与公众的沟通与交流，及时回应关切和问题，以维护社会稳定和公共安全。

九、某大型商业建筑坍塌事故

某城市一大型商业建筑在营业期间突然发生坍塌，造成大量人员被困。消防、医疗等部门迅速出动，展开救援行动。然而，由于坍塌严重，救援难度较大，最终导致多人伤亡。事故发生后，社交媒体上迅速出现了现场照片和视频，引发了公众的广泛关注和讨论。

1. 舆情危机发展过程

事故曝光与公众关注：事故发生后不久，社交媒体上便出现了现场照片和视频，引发了公众的广泛关注。由于事发地点为大型商业建筑，人流量大，影响面广，舆情迅速升温。

质疑声与信任危机：随着事件的发酵，公众开始质疑事故原因、建筑质量、救援行动等方面。一些人猜测建筑可能存在质量问题，质疑相关部门的监管能力和救援效率。这些质疑声音加剧了公众对政府和相关部门的不信任感。

谣言传播与恐慌情绪：在舆情危机中，一些不实信息和谣言开始在社交媒体上传播。例如，有人称事故造成了大量人员伤亡，甚至故意夸大伤亡数字制造恐慌情绪。这些谣言进一步加剧了公众的恐慌和混乱。

2. 政府部门应对策略

政府部门响应与救援行动：面对舆情危机，政府部门迅速启动应急预案，组织救援力量进行现场救援和后续处理工作。同时，成立专门的工作组负责舆情应对和信息发布，加强与媒体的沟通协调，确保信息发布的及时性和准确性。

加强信息公开与透明度：政府部门通过官方网站、新闻发布会等渠道及时发布事故进展、伤亡情况和救援动态等信息。加强与公众的互动沟通，解答疑问、澄清误解，消除公众的疑虑和不满情绪。这种公开透明的态度有助于缓解公众的恐慌和不满情绪。

引导舆论与安抚民心：政府部门积极引导媒体客观公正地报道事故救援和善后处理工作，传递正能量。同时，加强对遇难者家属的安抚和慰问工作，体现政府的人文关怀。针对公众关注的焦点问题，政府部门及时回应并解释说明，以稳定民心。

经过政府部门的积极应对和采取的有效措施，舆情危机逐渐得到平息。公众情绪逐渐稳定下来，对政府的信任度也有所恢复。媒体也开始转向正面报道事故救援和善后处理工作。

3.效果评估与反思

迅速响应与权威信息发布：在突发公共事件舆情危机中，政府部门应迅速响应并启动应急预案，组织救援力量进行现场救援和后续处理工作。同时，加强权威信息发布工作，确保公众在第一时间了解事故真相和处理进展。

加强建筑质量与安全监管：政府部门应加强对建筑行业的监管力度，对建筑质量进行严格把关。加强对建筑企业的监督检查工作，对存在安全隐患的建筑进行及时整改和处罚。通过加强监管和预防措施降低类似事件的发生概率。

引导舆论与加强互动沟通：政府部门应积极引导媒体客观公正地报道事件并加强与公众的互动沟通工作。多渠道发布权威信息以止视听，并解答公众疑问、澄清误解，消除公众的疑虑和不满情绪。加强与公众的互动沟通有助于建立良好的政府形象并提高公众对政府的信任度。

4.总结

政府部门应认真总结舆情危机的经验教训，并加强相关方面的能力建设，以提高应对未来类似事件的能力。同时，还需要关注公众需求并及时回应社会关切，以维护社会稳定和公共利益。持续改进和优化应对策略，提高政府部门在突发公共事件舆情危机中的应对能力和效率。

十、某航空公司飞机失踪事件

某航空公司的一架航班在执行飞行任务时突然失踪，与地面失去联系。这一事件迅速引发全球范围内的广泛关注和讨论，形成了一场舆情危机。公众对于航班的安全、乘客和机组人员的生命安全以及航空公司的应对措施产生了极大的关切和质疑。

1.舆情危机发展过程

初始失踪消息的传播：当航班突然失踪的消息首次被报道时，公众开始关注这一异常情况。此时，由于信息有限，人们的好奇心和担忧逐渐上升。

社交媒体的炒作与猜测：随着事件的发展，社交媒体上开始出现大量的讨论。由于缺乏确切信息，各种猜测、谣言甚至阴谋论开始盛行，加剧了公众的恐慌和不安。

全球媒体关注：国际媒体也开始关注此事，进行广泛报道，进一步放大了事件的影响力。全球范围内的公众都开始关注这一航班失踪事件。

家属情绪与公众同情：乘客家属的悲痛和焦虑情绪通过媒体

展现出来，引发公众的广泛同情和关注，进一步推高了舆情热度。

对航空公司与政府的质疑：随着事件的持续，公众开始质疑航空公司的安全措施和政府部门的应急响应能力，要求得到明确的解释和答复。

2.政府部门应对策略

面对因航班失踪引发的舆情危机，政府部门迅速采取了以下应对策略：

启动应急机制：政府部门立即启动航空应急机制，组织多方力量进行搜救，并确保信息畅通，以便及时获取最新情况。

及时发布信息：通过官方渠道及时发布搜救进展、事故原因调查等相关信息，保持信息公开透明，减少谣言的传播空间。

与家属沟通：积极与失踪航班乘客的家属进行沟通，提供必要的帮助和支持，缓解他们的焦虑情绪。

加强舆情监测与引导：密切关注网络舆情动态，及时发现并澄清不实信息，引导公众理性看待事件。

3.效果评估与反思

政府部门的应对策略在一定程度上缓解了舆情危机。及时发布信息和与家属的积极沟通，增强了政府的公信力，减少了谣言的传播。然而，也有一些值得反思的地方：

信息发布须更加精准：在危机初期，由于情况不明，部分信息发布存在模糊之处，导致公众产生更多猜测和质疑。未来须加强信息发布的准确性和时效性。

舆情监测有待加强：在舆情危机中，部分不实信息和谣言仍在网络上流传了一段时间。未来须提高舆情监测的敏感度和反应速度，及时辟谣。

4.总结

本次航班失踪事件引发的舆情危机对政府部门和航空公司都提出了严峻挑战。通过启动应急机制、及时发布信息、与家属沟通和加强舆情监测等策略，政府部门有效地应对了危机。然而，仍需在信息发布和舆情监测方面进行改进。未来，政府部门和航空公司应加强合作，提高应对突发事件的能力，确保公众的安全和信任。同时，也需持续关注网络舆情动态，及时回应公众关切，以维护社会稳定和谐。

第四节 金融行业舆情危机实战案例分析

一、某大型P2P平台倒闭事件

1.事件概述

近日，一家知名的大型P2P平台突然宣布倒闭，这一消息迅速在金融圈和广大投资者中引起了强烈的震动。该平台曾以其高额的回报率和良好的信誉吸引了大量投资者，但突如其来的倒闭宣告，无疑给投资者带来了巨大的经济损失和心理压力。

2.舆情危机演变过程

初期怀疑与不安：在倒闭消息传出之前，就有一些关于该平台运营不善、资金链紧张的传闻。这些传闻在投资者群体中引起了广泛的关注和担忧，但当时并未引起足够的重视。

消息确认与恐慌蔓延：当平台正式宣布倒闭时，这一消息迅速在社交媒体和新闻网站上传播开来。投资者们开始恐慌，担心自己的投资会打水漂。各种质疑和指责的声音此起彼伏，舆情迅速升温。

舆论压力与负面影响：随着事件的发酵，该平台的信誉受到了严重损害。不仅投资者遭受了巨大损失，整个P2P行业的信任

度也受到了影响。人们开始质疑其他P2P平台的稳健性，市场情绪低迷。

3.应对策略与效果

积极沟通，及时回应：面对舆情危机，该平台迅速采取行动，通过官方网站和社交媒体渠道发布声明，解释倒闭原因，并承诺尽最大努力保障投资者的权益。这一举措在一定程度上缓解了投资者的恐慌情绪。

配合监管部门调查：该平台积极配合监管部门进行调查，公开透明地处理后续事宜。这有助于恢复投资者对该平台的信任，并为其他P2P平台树立了榜样。

寻求外部支持：为了尽快解决投资者的损失问题，该平台积极寻求外部资金支持，以尽快兑付投资者的本金和利息。这一举措在一定程度上缓解了投资者的经济损失。

4.案例总结与反思

加强风险预警机制：此次事件暴露出P2P行业在风险预警方面的不足。未来，P2P平台应建立完善的风险预警机制，及时发现并应对潜在风险。

提高信息披露透明度：为了增强投资者信心，P2P平台应提高信息披露的透明度，让投资者更加清楚地了解平台的运营状况和风险控制措施。

加强监管与合作：监管部门应加强对P2P行业的监管力度，确保平台合规运营。同时，P2P平台之间也应加强合作与信息共享，共同应对行业风险。

综上所述，此次大型P2P平台倒闭事件给我们敲响了警钟。在未来的发展中，我们需要不断完善相关制度和机制，确保P2P行业的健康稳定发展。同时，投资者也应增强风险意识，审慎选择投资平台。

二、某知名基金公司老鼠仓事件

1.事件概述

近期，某知名基金公司发生了震惊金融界的老鼠仓事件。据报道，该公司某基金经理利用内幕信息进行非法交易，从中牟取暴利，严重损害了投资者的利益。此事一经曝光，立即引发了社会各界的广泛关注和热议。

2.舆情危机演变过程

曝光初期：在事件曝光初期，网络上开始出现关于该基金公司存在老鼠仓行为的传闻。这些传闻引发了投资者的广泛关注和担忧，但当时尚未有确凿证据。

舆情升温：随着调查的深入和媒体的持续报道，更多关于老鼠仓的细节被揭露出来。投资者开始质疑该基金公司的诚信和专业性，舆情迅速升温。

负面影响扩大：该事件不仅对该基金公司的声誉造成了严重影响，还对整个基金行业的公信力造成了冲击。投资者信心受挫，市场情绪低迷。

3.应对策略与效果

迅速回应：该基金公司在事件曝光后迅速做出回应，承认错误并承诺进行整改。公司高层通过公开声明和媒体采访等方式向公众致歉，并承诺加强内部监管，防止类似事件再次发生。

配合调查：该基金公司积极配合相关部门的调查工作，公开透明地处理后续事宜。这不仅有助于恢复投资者对该公司的信任，也为其他基金公司树立了处理类似事件的典范。

积极整改：为了重建信任，该基金公司进行了一系列整改措施，包括加强内部风险控制、完善信息披露制度等。这些措施在一定程度上缓解了投资者的担忧。

4.案例总结与反思

加强内部监管：基金公司应建立完善的内部监管机制，确保员工遵守法律法规和职业道德规范。同时，应定期对员工进行合规培训和考核，增强员工的合规意识和风险意识。

提高信息披露透明度：基金公司应提高信息披露的透明度，及时向投资者公布相关信息和数据。这有助于增强投资者的信心和认可度。

加强行业自律：整个基金行业应加强自律管理，共同维护市场秩序和投资者利益。行业协会等组织应发挥监督作用，对违规行为进行严厉打击。

综上所述，老鼠仓事件对某知名基金公司的声誉和信任度造成了严重影响。然而，通过迅速回应、配合调查和积极整改等措施，该公司逐渐恢复了投资者的信任。这一事件也提醒了其他基金公司要加强内部监管和行业自律，确保类似事件不再发生。同时，投资者也应提高警惕性，在选择基金公司时进行充分的调查和了解。

三、某大型银行数据泄露事件

近年来，随着金融科技的飞速发展，数据安全问题逐渐成为金融行业面临的重大挑战。某大型银行因一起严重的数据泄露事件陷入舆情危机，该事件不仅损害了银行的声誉，还对其客户关系和业务运营造成了深远的影响。

1.事件概述

据报道，该银行在一次网络攻击中遭受了严重的数据泄露，涉及数百万客户的个人信息和交易数据。这一消息迅速在社交媒体和新闻网站上传播开来，引发公众的广泛关注和担忧。客户们纷纷表达了对银行数据安全措施的质疑，以及对自身信息安全的担忧。

2.舆情危机演变过程

事件曝光与公众关注：随着媒体的报道和社交媒体的传播，该银行数据泄露事件迅速成为公众关注的焦点。公众对银行的信任度大幅下降，质疑声此起彼伏。

客户信任危机：事件曝光后，大量客户纷纷表示担忧自己的个人信息和资金安全。一些客户甚至开始转移资金到其他银行，导致该银行面临严重的客户流失问题。

监管介入与法律风险：监管部门对此事高度重视，迅速介入调查。同时，该银行也面临来自受损客户的法律诉讼风险，要求银行赔偿损失并承担相应责任。

品牌形象受损：此次事件对该银行的品牌形象造成了严重损害。即使在事件得到解决后，公众对该银行的信任度和好感度也难以恢复到事件前的水平。

3.应对策略与效果

快速响应与公开道歉：面对舆情危机，该银行迅速做出反应，发布声明承认数据泄露事件并公开道歉。同时表示将全力配合监管部门的调查，并采取措施加强数据安全保护。

客户沟通与安抚：为了稳定客户关系，该银行积极与客户进行沟通解释，提供必要的安抚措施。例如，设立专门的服务热线解答客户疑问、提供个性化的解决方案等。这些措施在一定程度上缓解了客户的担忧情绪。

整改提升与加强合作：在应对舆情危机的过程中，该银行深刻反思自身存在的问题和不足，并采取积极措施进行整改提升。包括加强内部数据安全管理、完善风险控制体系等。同时，积极与监管机构、安全机构等合作，共同提升金融行业的整体安全水平。

积极宣传重塑形象：为了重塑品牌形象，该银行积极参与社会公益活动和企业形象宣传活动。通过正面宣传展示其在金融服务、科技创新和社会责任等方面的成果和贡献。逐渐赢回公众的信任和支持。

4.案例总结与反思

重视数据安全保护：金融机构应始终将数据安全保护放在首位，加强内部数据安全管理措施和风险控制体系的建设。确保客户信息的保密性、完整性和可用性。

建立快速响应机制：面对舆情危机时，金融机构应建立快速响应机制，及时发布声明澄清事实真相，并采取有效措施进行应对和处理。避免舆情危机的恶化和扩大化对企业造成更大的损失。

加强与客户的沟通与联系：金融机构应加强与客户的沟通和联系，及时了解客户需求和反馈意见。在舆情危机发生时积极与客户进行沟通解释，并提供必要的安抚措施以维护客户关系和信任度。

积极改进与重塑形象：金融机构应深刻反思自身存在的问题和不足，并采取积极措施进行改进和提升，以重塑企业形象和社会责任感。同时，积极参与社会公益活动以提升企业形象，并获得公众的认可和支持。通过不断提升自身实力和服务水平，金融机构能赢得公众的信任和支持实现可持续发展。

四、某证券公司内幕交易丑闻

1.事件概述

近日，某证券公司涉嫌内幕交易的丑闻引发了广泛关注。据报道，该公司内部人员利用未公开信息进行交易，以此获取不正当利益。此事一经曝光，立即在金融圈和公众中引起了强烈反响。

2.舆情危机演变过程

曝光初期：最初，有关该证券公司内幕交易的传闻开始在网络上流传，但尚未有确凿证据。此时，公众对该公司的信任度开始下降，投资者对该证券公司的态度变得谨慎。

舆情升级：随着更多细节的曝光，包括交易记录、内部邮件等，证实了内幕交易的存在。这一消息迅速在社交媒体和新闻网站上扩散，引发了公众的强烈不满和质疑。该公司的股价也受到了严重影响，出现了大幅下跌。

舆论压力：随着舆论的发酵，该证券公司面临着巨大的压力。投资者、监管机构、媒体等各方都在关注此事，要求公司给出合理解释并承担责任。公司的形象和声誉受到了严重损害。

3.应对策略与效果

积极回应：面对舆情危机，该证券公司迅速做出回应，承认存在内幕交易问题，并表示将全力配合调查，严肃处理相关责任人。这一举措在一定程度上缓解了公众的愤怒情绪。

配合调查：公司积极配合监管机构的调查，提供相关资料和证据。同时，公司内部也展开了自查自纠，以期找出问题的根源并加以解决。

公开道歉与整改：公司高层在公开场合对此次事件表示深切歉意，并承诺加强内部管理，防止类似事件再次发生。同时，公司制定了一系列整改措施，包括加强员工培训、完善内部监控机制等。

4.案例总结与分析

总结：此次内幕交易丑闻对该证券公司造成了严重的负面影

响，包括股价下跌、声誉受损等。然而，通过积极回应、配合调查和公开道歉与整改等策略，公司逐渐恢复了公众的信任。

分析：此次事件暴露出该证券公司在内部管理方面存在的问题。为了避免类似事件的再次发生，公司需要加强内部监管机制，提高员工的法律意识和职业道德水平。同时，公司应更加注重与公众的沟通和互动，及时回应公众关切和质疑，以维护企业的良好形象。

在未来的发展中，该证券公司需要持续关注舆情动态，积极应对各种挑战和危机。通过不断完善内部管理和加强与各方的沟通合作，共同维护金融市场的稳定和公平。

五、某保险公司拒赔事件

保险行业作为金融行业的重要组成部分，其信誉和服务质量直接影响着消费者的信心和选择。某知名保险公司因一起拒赔事件引发公众不满，进而演变为一场舆情危机。

1.事件概述

据报道，一位客户购买了该保险公司的医疗保险产品，但在需要理赔时却遭到了拒绝。客户认为保险公司的拒赔理由不充分，且服务态度恶劣。此事在社交媒体上迅速传播，引发了大量网友的关注和讨论。

2.舆情危机演变过程

事件曝光与网友关注：客户在社交媒体上发布了自己的遭遇，

迅速引发了大量网友的转发和评论。网友们纷纷表示对保险公司的做法感到不满和失望。

媒体跟进报道：随着事件的发酵，主流媒体开始跟进报道，对事件进行深入剖析和评论。这使舆情危机进一步升级。

公众信任危机：受事件影响，公众对该保险公司的信任度大幅下降。许多人表示将考虑更换保险公司，以避免类似的风险。

监管介入与调查：监管部门注意到舆情危机，开始对事件进行调查。一旦发现问题，该保险公司将面临严重的法律后果和行政处罚。

3.应对策略与效果

快速响应与公开道歉：面对舆情危机，该保险公司迅速做出反应，发布声明承认在处理客户理赔过程中存在的问题，并向客户公开道歉。同时，表示将全力配合监管部门的调查，并采取措施改进服务流程和提高服务质量。

积极与客户沟通协商：为了解决问题并恢复客户信任，该保险公司积极与客户进行沟通协商，最终达成和解协议并支付了理赔金额。这一举措在一定程度上缓解了客户的愤怒情绪并赢回了部分公众的信任。

加强内部管理与培训：针对此次事件暴露出的问题和不足，该保险公司加强了内部管理和培训力度。通过完善服务流程、提高员工素质等措施避免类似事件的再次发生。

积极宣传重塑形象：为了重塑品牌形象并赢回公众信任，该保险公司加大了宣传力度，通过广告、公益活动等方式展示其在保险服务和社会责任方面的成果和贡献，逐渐赢回公众的信任和支持。

4.案例总结与反思

*重视客户服务质量：*保险公司应始终将客户服务质量放在首位，加强内部管理和培训力度以提高员工素质和服务水平。确保在处理客户理赔等关键环节时能够提供优质、高效的服务。

*建立快速响应机制：*面对舆情危机时，保险公司应建立快速响应机制，及时发布声明澄清事实真相，并采取有效措施进行应对和处理。避免舆情危机的恶化和扩大化对企业造成更大的损失。

*加强与公众的沟通与联系：*保险公司应加强与公众的沟通和联系，及时了解公众需求和反馈意见并积极提高自身服务水平和产品质量以满足市场需求和期望。通过不断提升自身实力和服务水平，赢得公众的信任和支持实现可持续发展。

六、某大型银行违规销售事件

1.事件概述

某大型银行被曝出存在违规销售理财产品的情况，部分客户在购买理财产品时未得到充分的风险提示和告知，导致资金损失。此事一经曝光，迅速引发了公众的强烈不满和质疑，社交媒体上出现了大量关于该银行的负面评价和投诉。

2.舆情危机演变过程

*事件曝光与公众关注：*随着媒体的报道和社交媒体的传播，

该银行的违规销售事件迅速曝光，引发了公众的广泛关注。公众开始质疑银行的信誉和业务合规性。

质疑与信任危机：随着事件的发酵，越来越多的客户开始质疑该银行的其他业务和服务，对其信任度大幅下降。一些客户甚至表示将考虑转移资产或选择其他银行进行合作。

监管介入与法律风险：监管部门对该银行展开了调查，并依法对其进行了行政处罚。同时，该事件也引发了部分客户的法律诉讼，要求银行赔偿损失。

3.应对策略与效果

迅速回应与澄清事实：面对舆情危机，该银行迅速发布声明，承认存在违规销售行为，并表示将深刻反思、加强内部管理和风险控制。同时，积极与受损客户进行沟通协商，妥善处理相关事宜。这一回应策略有助于澄清事实，避免谣言的传播。

加强客户沟通与安抚：针对客户的质疑和不满情绪，该银行积极与客户进行沟通解释，并提供必要的安抚措施。例如，设立专门的服务热线、提供个性化的解决方案等。通过加强客户沟通，该银行成功稳定了部分客户的情绪和业务合作意愿。

整改提升与重塑形象：在应对舆情危机的过程中，该银行深刻反思自身存在的问题和不足，并采取积极措施进行整改提升。包括加强内部合规管理、完善风险控制体系、提升服务质量等。同时，积极参与社会公益活动和企业形象宣传等活动，努力重塑企业形象和社会责任感。

4.案例总结与反思

重视合规管理与风险控制：金融机构应始终将合规管理和风险控制放在首位，严格遵守相关法律法规和监管要求。通过加强内部管理和风险控制，降低违规操作和法律风险的发生概率。

建立快速响应机制：面对舆情危机，金融机构应建立快速响应机制，及时发布声明澄清事实真相，并采取有效措施进行应对和处理。通过快速响应和积极处理，避免舆情危机的恶化和扩大化。

加强客户沟通与关系维护：金融机构应加强与客户的沟通和联系，及时了解客户需求和反馈意见。在舆情危机发生时，积极与客户进行沟通解释，并提供必要的安抚措施，以维护客户关系和信任度。

积极改进与重塑形象：金融机构应深刻反思自身存在的问题和不足，并采取积极措施进行改进和提升。同时，积极参与社会公益活动和企业形象宣传等活动，提升企业形象和社会责任感。通过积极改进和重塑形象，赢得公众的信任和支持。此外，金融机构还应加强舆情监测和预警工作，及时发现和处理潜在的舆情风险点。

七、某知名金融机构违规行为事件

1.事件概述

某知名金融机构因涉嫌操纵市场、内幕交易等违规行为被媒体曝光。该事件迅速在社交媒体上引发广泛关注，公众开始质疑金融机构的诚信和专业性。随着事件的发酵，该金融机构的股价大幅下跌，客户流失严重，面临巨大的声誉和财务损失。

2.舆情危机演变过程

曝光与发酵：媒体首先报道了该金融机构的违规行为，随后社交媒体上出现了大量关于该机构的负面评价和质疑。这些声音迅速扩散，引发公众广泛关注。

信任危机：随着事件的深入报道，公众对该金融机构的信任度急剧下降。许多客户开始转移资产，选择与其他机构进行合作。同时，该机构的股价也遭受重创。

监管介入：监管部门对该事件高度重视，迅速介入调查。一旦查实违规行为，该金融机构将面临严重的法律后果和行政处罚。

声誉受损：该事件对该金融机构的声誉造成了长期损害。即使事件最终得到解决，公众对其的信任和好感度也难以恢复到事件前的水平。

3.应对策略与效果

快速回应：面对舆情危机，该金融机构迅速发布声明，承认存在部分问题，并表示将全力配合监管部门的调查。同时，对涉事人员进行了严肃处理。这一回应策略在一定程度上缓解了公众的愤怒情绪。

客户沟通：针对客户的担忧和质疑，该金融机构积极与客户进行沟通解释，并提供必要的安抚措施。例如，设立专门的服务热线、提供个性化的解决方案等。这些措施有助于稳定客户关系，减少客户流失。

整改与提升：在应对舆情危机的过程中，该金融机构深刻反思自身存在的问题和不足，并采取积极措施进行整改提升。这包括加强内部合规管理、完善风险控制体系、提升服务质量等。这些举措有助于重塑企业形象并赢回公众的信任。

积极与媒体沟通：该金融机构主动与媒体保持沟通，及时发布最新进展和处理结果。媒体的正面报道，有助于恢复公众对该机构的信任度。

4.案例总结与反思

重视合规管理：金融机构应始终将合规管理放在首位，严格遵守相关法律法规和监管要求。加强内部管理和风险控制，能够降低违规操作和法律风险的发生概率。

建立快速响应机制：面对舆情危机，金融机构应建立快速响应机制，及时发布声明澄清事实真相，并采取有效措施进行应对和处理。避免舆情危机的恶化和扩大化对企业造成更大的损失。

加强客户沟通与关系维护：金融机构应加强与客户的沟通和联系，及时了解客户需求和反馈意见。在舆情危机发生时，积极与客户进行沟通解释，并提供必要的安抚措施以维护客户关系和信任度。

积极改进与重塑形象：金融机构应深刻反思自身存在的问题和不足并采取积极措施进行改进和提升以重塑企业形象和社会责任感。同时积极参与社会公益活动以提升企业形象并获得公众的认可和支持。

通过对此案例的分析，我们可以看到金融行业在面临舆情危机时需要迅速、有效地应对以减少损失并维护声誉。同时金融机构也应加强自身的合规管理和风险控制，以防范类似事件的发生。

八、某大型金融集团投资失败事件

1.事件概述

某大型金融集团因一项高风险投资失败，导致大量客户资金损失。此事在社交媒体上迅速传播，引发公众对该金融集团的强烈不满和质疑。该集团的声誉和业务发展受到严重影响，面临巨大的舆情危机。

2.舆情危机演变过程

事件曝光：最初，有少量客户在社交媒体上抱怨投资损失。随着时间的推移，越来越多的客户加入讨论，负面声音逐渐放大。

媒体关注：主流媒体开始关注此事，进行深入报道和分析。这使舆情危机进一步升级，公众关注度大幅提升。

公众质疑：公众开始质疑该金融集团的专业能力和诚信。许多人表示将不再信任该集团，并考虑转移资金。

监管介入：监管部门注意到舆情危机，开始对该金融集团进行调查。一旦发现问题，该集团将面临严重的法律后果。

3.应对策略与效果

快速响应：面对舆情危机，该金融集团迅速成立危机应对小组，制定应对策略。他们首先发布声明，承认投资失败并向客户道歉。同时，表示将全力配合监管部门的调查。

客户沟通：为了稳定客户关系，该集团设立专门的服务热线，解答客户的疑问和担忧。他们还提供个性化的解决方案，以减轻客户的损失。这些措施在一定程度上缓解了客户的愤怒情绪。

信息公开透明：为了恢复公众的信任，该集团决定公开相关投资信息，包括投资决策过程、风险评估结果等。这使公众对该集团的操作有了更全面的了解，有助于消除误解和质疑。

整改与提升：在应对舆情危机的过程中，该集团深刻反思自身的问题和不足。他们加强内部风险管理，完善投资决策流程，并提升客户服务质量。这些举措有助于重塑企业形象，并赢回公众的信任。

4.案例总结与反思

重视风险管理：金融机构应始终将风险管理放在首位，避免高风险投资带来的巨大损失。完善的风险管理体系和严格的投资决策流程，能够降低投资风险并保障客户利益。

加强客户沟通与服务：在舆情危机发生时，金融机构应积极与客户沟通，解答疑问并提供解决方案。优质的服务和有效的沟通是稳定客户关系和恢复声誉的关键。

保持信息公开透明：金融机构应保持信息公开透明，及时披露相关信息以消除公众的误解和质疑。公开透明的操作能够赢得公众的信任和支持。

建立危机应对机制：金融机构应建立完善的危机应对机制，

包括快速响应、舆情监测、客户沟通等多个环节。在舆情危机发生时能够迅速有效地应对和处理以减少损失并维护声誉。

金融机构应高度重视舆情危机应对工作，建立健全舆情危机应对机制，提高敏感性和反应速度。加强与投资者的沟通交流是化解舆情危机的关键。金融机构应通过官方渠道及时发布信息、回应关切、澄清误解。金融机构应加强内部风险管理和合规培训，增强员工的风险意识和合规意识，防止类似事件再次发生。在面临舆情危机时，金融机构应保持冷静、客观、理性的态度，积极应对挑战，维护自身声誉和投资者利益。

第五节 医疗行业舆情危机实战案例分析

在医疗行业中，舆情危机是不可避免的。这些危机可能源于医疗事故、医疗纠纷、医疗管理问题等各种原因。以下是几个医疗行业舆情危机的实战案例，并对它们进行详细分析。

一、某医院抄袭门事件

1.事件概述

某医院因为抄袭大量论文，引起了公众的关注和谴责，舆情迅速发酵。该医院采取的应对措施是第一时间发布公开道歉信，并对所有抄袭的论文进行撤稿处理。同时，该医院还进行了自查和整改，公开了整改的措施和进展情况，积极回应公众的关切。最终，该医院得到了大众的谅解和支持。

2.舆情危机演变过程

事件曝光初期：有网友发现该医院发表的某些论文与其他已发表的论文存在高度相似性，并在社交媒体上进行了曝光。此时，舆情开始酝酿，但尚未形成大规模的关注。

舆情升级：随着更多的抄袭行为被揭露，包括一些知名学术

期刊也发现了问题并撤回了相关论文，该事件迅速升温。媒体纷纷报道此事，公众对该医院的质疑和批评声音越来越高。

舆论压力：随着舆论的发酵，该医院面临着巨大的压力。不仅学术界对其进行了严厉的谴责，患者和公众也开始怀疑该医院的医疗水平和职业道德。

3.应对策略与效果

回应与道歉：面对舆情危机，该医院迅速做出回应，承认抄袭行为的存在，并向公众道歉。医院表示将严肃处理相关责任人，并加强学术道德和诚信教育。

配合调查与整改：医院积极配合相关部门的调查，对涉嫌抄袭的论文进行全面审查。同时，医院内部展开了自查自纠，加强学术规范和管理制度的执行力度。

积极沟通：医院积极与媒体、学术界和公众进行沟通，解释原因并承诺采取措施防止类似事件再次发生。医院还通过公开透明的方式，向公众通报了处理进展和结果。

4.案例总结与反思

总结：此次"抄袭门"事件对该医院的声誉造成了严重影响。然而，通过积极回应、配合调查和积极沟通等策略，医院逐渐恢复了公众的信任。医院对涉事人员进行了严肃处理，并加强了学术规范和管理制度的执行。

反思：此次事件暴露出该医院在学术规范和诚信方面存在的问题。为了避免类似事件的再次发生，医院需要加强学术道德和诚信教育，建立完善的学术评价体系和监督机制。同时，医院应更加注重与公众的沟通和互动，及时回应关切和质疑。

在未来的发展中，该医院需要持续关注舆情动态，积极应对各种挑战和危机。通过不断完善内部管理和加强与各方的沟通合作，共同维护医院的声誉和形象。此外，医院还应加强对研究人员的培训和教育，提高他们的学术素养和职业道德水平。只有这样，才能避免类似事件再次发生，并赢得公众的信任和尊重。

二、某医院医疗事故事件

1.事件概述

近日，某医院发生了一起严重的医疗事故，导致患者受到了不必要的伤害。此事迅速引起了公众的广泛关注，对该医院的声誉造成了严重影响。该起医疗事故涉及一起手术过程中的失误，导致患者出现了严重的并发症。

2.舆情危机演变过程

事故曝光与舆情初起：最初，有患者家属在社交媒体上爆料，称其在该医院接受手术治疗后出现了严重问题。这一消息迅速在网络上传播，引起了公众的初步关注。

舆情升级：随着更多的细节被曝光，包括手术过程中的失误、患者的严重并发症等，舆情迅速升温。媒体开始大量报道此事，公众对该医院的质疑和批评声音越来越高。

舆论压力与影响：随着舆论的发酵，该医院面临着前所未有的压力。患者和公众对该医院的信任度大幅下降，甚至有人开始质疑整个医疗体系的可靠性。

3.应对策略与效果

迅速回应与启动调查：面对舆情危机，该医院需要迅速做出回应，表明对患者的关切和对事件的重视。同时，医院应立即启动内部调查程序，以全面了解事故的原因和经过。这种迅速而负责任的行动可以展现医院的积极态度，有助于缓解公众的担忧。

根据调查结果采取行动：一旦调查完成并得出明确结论，医院应根据调查结果采取相应的行动。如果确实存在医疗事故，医院应承认错误，向患者和公众道歉，并承担相应的责任。这包括对患者进行合理的赔偿，对涉事医护人员进行适当的处理，并加强医疗流程和安全管理的改进。

加强与公众的沟通：医院积极与媒体、患者和公众进行沟通，解释原因并承诺加强医疗质量和安全管理。医院还通过公开透明的方式向公众通报了处理进展和结果，以重建信任。

4.案例总结与反思

总结：此次医疗事故引发的舆情危机对该医院的声誉造成了严重影响。然而，通过积极回应、配合调查和积极沟通等策略，医院逐渐恢复了公众的信任。医院对涉事医护人员进行了处理，并加强了医疗流程和安全管理的执行。

反思：此次事件暴露出该医院在医疗流程和安全管理方面存在的问题。为了避免类似事件的再次发生，医院需要加强医疗质量和安全管理的培训和教育，建立完善的医疗流程和安全监督机制。同时，医院应更加注重与公众的沟通和互动，及时回应关切和质疑，增加透明度。

该医院需要从此次舆情危机中吸取教训，持续改进医疗流程和安全管理措施。加强内部培训和外部监督相结合的方式，能够提高医疗服务质量并确保患者的安全和满意度。只有这样才能重新赢得公众的信任和支持。在未来的运营过程中，医院应时刻保持警惕并加强自我监督和管理以防范类似事件再次发生。

三、血氧仪涨价风波事件

1.事件概述

近期，随着疫情的持续发展，血氧仪成为市场上的热门商品。某医疗品牌的血氧仪在疫情期间需求量激增，然而，有消费者发现该品牌的血氧仪价格明显上涨，这一现象引发了公众的广泛关注和质疑。消费者们纷纷在社交媒体上表达不满，质疑该品牌是否利用疫情哄抬价格，从中牟利。

2.舆情危机演变过程

初期质疑：最初，少数消费者注意到该品牌血氧仪的价格上涨，并在社交媒体上质疑。这些质疑声音逐渐扩散，吸引了更多人的关注。

舆论发酵：随着越来越多的消费者发现价格问题，并在网络上分享自己的经历，舆论开始迅速发酵。一些消费者甚至发起了

抵制该品牌血氧仪的言论，呼吁大家不要购买。

媒体报道：随着事件的进一步发展，多家媒体开始报道此事，进一步推高了事件的关注度。一些消费者组织也介入调查，试图了解价格上涨的具体原因。

品牌声誉受损：随着舆论的持续发酵，该医疗品牌的声誉受到了严重损害。消费者对该品牌的信任度降低，甚至有人开始怀疑其产品的质量和安全性。

3.应对策略与效果

快速回应：面对舆论质疑，该医疗品牌迅速做出回应，表示价格上涨是由于原材料成本上升和供需关系失衡所致，并非恶意哄抬价格。同时，品牌方承诺将尽快增加产量，以满足市场需求。

公开透明：为了消除消费者的疑虑，该品牌主动公开了生产成本和定价机制的相关信息，以证明价格上涨的合理性。这一举措在一定程度上缓解了消费者的不满情绪。

增加产量与优惠活动：为了缓解供需矛盾，该品牌加大了生产力度，并推出了一系列优惠活动，以回馈消费者。这些措施逐渐恢复了消费者对品牌的信任。

4.案例总结与反思

总结：在本次舆情危机中，该医疗品牌虽然面临了严重的舆论压力，但通过快速回应、公开透明和增加产量等措施，成功地化解了危机。品牌的声誉虽然受到了一定程度的损害，但总体上得到了消费者的理解和支持。

反思：对于品牌方而言，此次事件提醒他们在未来应更加注重与消费者的沟通，及时解释价格波动的原因，以避免误解和质疑。同时，品牌方也需加强供应链管理，确保在特殊时期能够满足市场需求。此外，政府部门也应加强对市场的监管力度，防止类似事件再次发生。

通过以上舆情分析报告可以看出，在面对舆情危机时企业应迅速回应、公开透明地处理问题并采取措施以恢复消费者信任。同时，企业和政府部门都需从中吸取教训，加强自身的管理和监管力度以避免类似事件的再次发生。

四、某大型医院医疗事故隐瞒事件

医疗行业关乎人们的生命健康，因此任何医疗事故都可能引发公众的高度关注。某大型医院因一起医疗事故隐瞒事件而陷入舆情危机，严重影响了其声誉和公众信任。

1.事件概述

据报道，该医院在处理一起严重的医疗事故时选择隐瞒事实，未及时向患者家属和社会公众公开真相。此事被内部员工揭露后，迅速在社交媒体上引发轩然大波，公众对该医院的做法表示强烈不满和谴责。

2.舆情危机演变过程

事件曝光与网友关注：内部员工在社交媒体上爆料，揭露医院隐瞒医疗事故的事实。网友纷纷转发和评论，表达对该医院的不满和失望。

媒体跟进报道：主流媒体要迅速跟进报道，对事件进行深入剖析和评论。舆情危机进一步升级，该医院成为公众口诛笔伐的对象。

公众信任危机：受事件影响，公众对该医院的信任度大幅下降。许多人表示将不再选择该医院就诊，导致其业务量锐减。

监管部门介入：卫生监管部门注意到舆情危机，开始对该医院进行调查。一旦发现违法违规行为，该医院将面临严重的法律后果和行政处罚。

3.应对策略与效果

立即公开道歉并承认错误：医院应通过正式声明、新闻发布会或社交媒体平台，公开向患者、家属及社会公众道歉，并承认在事故处理和信息公开方面的失误。此举有助于展现医院的诚意和责任感，为后续的改进措施奠定信任基础。

成立独立调查组：邀请医学专家、法律人士和公众代表组成独立调查组，对事故原因进行深入调查，并确保调查过程的透明性。第三方公正的调查，可以增加调查结果的可信度，为医院改进提供具体建议。

及时公布调查结果与改进措施：在调查完成后，迅速公布调查结果，并详细说明医院将采取的改进措施，包括加强医疗流程管理、提升员工培训等。公开透明的做法有助于重建公众信任，展示医院积极改进的决心。

与患者和家属积极沟通：主动与患者及其家属进行沟通，了解他们的诉求，提供必要的医疗和心理支持，并协商解决方案。人性化的关怀和有效的沟通，可以减轻患者和家属的痛苦，降低他们的不满情绪。

加强内部管理和员工培训：对涉事员工进行严肃处理，同时加强全院员工的医疗安全意识和职业道德教育，确保类似事故不再发生。提升医院整体的服务质量和医疗安全水平，减少未来发生类似事故的风险。

利用社交媒体积极回应：在社交媒体上积极回应公众的质疑和批评，发布最新进展和改进措施，展现医院的开放态度和改革决心。社交媒体的有效利用，可以迅速传播医院的正面信息，减少负面舆论的影响。

建立长期监督机制：设立患者满意度调查、医疗质量监控等长效机制，定期公布相关数据，接受社会监督。这些措施将有助于医院持续改进服务质量，重建并长期维护公众信任。

4.案例总结与反思

重视医疗安全与质量：医院应始终将医疗安全和质量放在首位，加强内部管理和培训力度以提高医护人员的素质和服务水平，确保在处理医疗事故等关键环节时能够提供优质、安全的服务。

建立快速响应机制：面对舆情危机时，医院应建立快速响应机制及时发布声明澄清事实真相并采取有效措施进行应对和处理，避免舆情危机的恶化和扩大化对企业造成更大的损失。

加强与公众的沟通与联系：医院应加强与公众的沟通和联系，

及时了解公众需求和反馈意见，并积极改进自身服务水平和产品质量以满足市场需求和期望。不断改进和提升自身实力和服务水平赢得公众的信任和支持，实现可持续发展。同时，医院在处理医疗事故等敏感事件时应保持公开透明，及时与公众沟通，以维护其声誉和公众信任。

五、某三甲医院天价药费事件

近年来，随着医疗技术的不断进步和人们对健康需求的提高，医疗费用也呈现出不断上涨的趋势。某三甲医院因一起天价药费事件陷入舆情危机，引发了公众对医疗行业收费标准的广泛关注和质疑。

1.事件概述

据报道，一位患者在该三甲医院接受治疗期间，被收取了高达数十万元的药费。患者家属认为费用过高，且存在不合理收费的情况，因此将此事曝光至社交媒体。此事迅速引发网友热议，舆论纷纷指责医院乱收费、牟取暴利。

2.舆情危机演变过程

事件曝光与网友关注：患者家属在社交媒体上发布相关信息，迅速引发网友的关注和转发。网友们纷纷表示对医院收费标准的不满和质疑。

媒体跟进报道：随着事件的发酵，主流媒体开始跟进报道，对事件进行深入剖析和评论。舆情危机进一步升级，医院成为众矢之的。

公众信任危机：受事件影响，公众对该三甲医院的信任度大幅下降。许多人表示将不再选择该医院就诊，医院声誉受损严重。

监管部门介入：卫生监管部门和物价管理部门注意到舆情危机，开始对医院进行调查。一旦发现违法违规行为，医院将面临严重的法律后果和行政处罚。

3.应对策略与效果

迅速回应与调查：医院应立即成立专项调查组，对患者家属反映的高额药费问题进行全面、公正的调查。同时，通过官方渠道（如医院官网、社交媒体等）发布声明，表明医院对此事的高度重视，并承诺将进行彻底调查。

费用明细公开：在保护患者隐私的前提下，公开涉及高额药费的详细清单，包括药品名称、用量、单价等信息，以供患者家属及公众核查。

增强收费透明度：借此机会，医院可以公开其收费标准和计费流程，增加收费的透明度，减少误解和质疑。在医院内显著位置设置费用公示牌，并通过医院官网等渠道提供在线查询服务。

加强与患者沟通：主动与患者家属沟通，解释费用构成，听取他们的意见和诉求，积极寻求解决方案。设立专门的患者咨询窗口或热线，提供与费用相关的咨询服务。

整改与预防措施：根据调查结果，对存在的问题进行整改，如修订不合理的收费标准、优化计费流程等。

第三方审计与监督：邀请第三方机构对医院的收费系统进行

审计，以增强公众对医院收费制度的信任。鼓励患者和家属通过正规渠道反馈收费问题，设立奖励机制以激励内部员工举报违规收费行为。

公关与媒体应对：召开新闻发布会，向媒体和公众通报调查进展和结果，展现医院的负责态度。利用社交媒体等平台积极回应网友质疑，及时澄清误解，传递正面信息。

4.案例总结与反思

重视医疗收费合理性与透明度：医院应始终将医疗收费的合理性和透明度放在首位，加强内部管理和监督力度以确保收费标准的合规性和公平性。同时，应积极推行明码标价和清单制度等措施，以提高收费的透明度和可信度。

建立快速响应机制：面对舆情危机时，医院应建立快速响应机制，及时发布声明澄清事实真相，并采取有效措施进行应对和处理，以避免舆情危机的恶化和扩大化对医院造成更大的损失。

加强与公众的沟通与联系：医院应加强与公众的沟通和联系，及时了解公众需求和反馈意见，并积极改进自身服务水平和产品质量以满足市场需求和期望。不断改进和提升自身实力和服务水平，赢得公众的信任和支持，实现可持续发展。

综上所述，医疗行业在面临舆情危机时应保持冷静和客观的态度，积极采取措施进行应对和处理以维护其声誉和公众信任。同时，应重视医疗质量和收费的合理性及透明度等关键因素，以提高患者的满意度和忠诚度。

六、某大型医院患者信息泄露事件

随着信息技术的快速发展，医疗行业的信息化建设日益完善，但同时也面临着信息安全挑战。某大型医院因一起患者信息泄露事件而陷入舆情危机，引发了公众对医疗行业信息安全的广泛关注。

1.事件概述

据报道，该医院的患者信息数据库遭到非法访问，大量患者的个人信息、病历资料等敏感信息被泄露。此事被媒体曝光后，迅速引发公众关注和担忧，患者纷纷表示对医院的信息安全管理表示失望和不满。

2.舆情危机演变过程

事件曝光与公众关注：媒体率先报道了患者信息泄露事件，引发了公众的广泛关注。患者和家属在社交媒体上表达了对个人信息安全的担忧和对医院的质疑。

舆情升级与信任危机：随着事件的发酵，越来越多的患者信息被泄露，舆情危机迅速升级。公众对该医院的信任度大幅下降，许多人表示将不再选择该医院就诊。

监管部门介入调查：卫生监管部门和信息安全管理部门注意到舆情危机，开始对医院进行调查。调查结果显示，医院在信息安全管理方面存在严重漏洞。

3.应对策略与效果

立即启动应急响应计划：医院应迅速启动信息安全应急响应

计划，组织专业团队对泄露事件进行全面调查。

通知患者并致歉：通过正式渠道（如邮件、短信、电话等）尽快通知受影响的患者，告知他们信息可能已被泄露，并提供必要的指导和支持。

与执法机构合作：立即与当地执法机构合作，调查此次非法访问事件的来源和目的。提供所有可用的日志、监控录像等证据，以协助调查。

加强信息安全措施：对医院的信息系统进行全面审查，识别并修复所有潜在的安全漏洞。升级或替换过时的安全设备和软件，确保系统的最新安全性。实施多因素身份验证、加密等更高级别的安全措施。

提供信用监控服务：为受影响的患者提供免费的信用监控服务，帮助他们及时发现并应对可能出现的身份盗窃或金融欺诈行为。

进行员工安全培训：对全体员工进行信息安全培训，提高他们的安全意识，确保他们了解如何防止和处理信息安全事件。

建立信息泄露应对机制：制定详细的信息泄露应对流程，包括如何快速检测信息泄露、如何通知受影响的个体、如何与执法机构合作等。

增强透明度与沟通：通过医院官网、社交媒体等渠道定期更新事件的调查进展和采取的措施，保持与公众的透明沟通。

进行第三方安全审计：邀请独立的第三方安全机构对医院的信息系统进行全面的安全审计，确保所有安全措施都已得到有效实施。

法律追责与补偿：对因医院信息安全疏忽而受到损失的患者，医院应承担相应的法律责任，并提供适当的补偿。

4.案例总结与反思

重视信息安全管理与技术防护：医院应始终将信息安全放在首位，加强信息安全管理和技术防护力度，以确保患者信息的安全性和保密性。同时，应定期对员工进行信息安全培训以提高其信息安全意识和技能水平。

建立快速响应机制：面对舆情危机时，医院应建立快速响应机制，及时发布声明澄清事实真相，并采取有效措施进行应对和处理，以避免舆情危机的恶化和扩大化对医院造成更大的损失。

加强与公众的沟通与联系：医院应加强与公众的沟通和联系，及时了解公众需求和反馈意见，并积极提高自身服务水平和产品质量以满足市场需求和期望。通过不断改进和提升自身实力和服务水平赢得公众的信任和支持实现可持续发展。同时，在处理舆情危机时，医院应保持开放和透明的态度，积极与公众沟通，以赢得公众的理解和支持。

十、某大型连锁药店药品质量事件

药品质量直接关系到公众的生命安全和健康，因此任何药品质量问题都可能引发严重的舆情危机。某大型连锁药店因药品质量问题而陷入舆情旋涡，品牌形象和公众信任受到严重损害。

1.事件概述

据报道，该药店销售的某种常用药品存在质量问题，部分患者在服用后出现不良反应。此事被媒体曝光后，迅速引发公众关注和担忧。患者和家属纷纷在社交媒体上表达对该药店的不满和谴责。

2.舆情危机演变过程

事件曝光与公众关注：媒体率先报道了药品质量问题事件，引发了公众的广泛关注。患者和家属在社交媒体上转发和评论，表达对该药店的失望和愤怒。

舆情升级与信任危机：随着事件的发酵，越来越多的患者反映出现不良反应，舆情危机迅速升级。公众对该药店的信任度大幅下降，品牌形象受到严重损害。

监管部门介入调查：药品监管部门注意到舆情危机，开始对药店进行调查。调查结果显示，该药店在药品采购、存储和销售环节存在严重问题。

3.应对策略与效果

立即召回并检测药品：药店应立即召回所有可能存在问题的药品，并与药品生产商联系，对药品进行全面的质量检测。同时，向公众发布召回通知，并告知已购买该药品的消费者如何退货或换货。

公开道歉并承担责任：药店应通过官方渠道向公众道歉，并承诺对此事负责。在提供任何形式的赔偿之前，药店应与医疗专家、监管部门以及受影响的患者合作，进行详尽的调查。

审慎提供医疗支持和经济赔偿：一旦调查确认药品质量问题导致了患者的不良反应，药店应迅速向受影响的患者提供必要的医疗支持和合理的经济赔偿。

配合监管部门调查：药店应全力配合相关监管部门的调查，提供所有必要的文件和信息。如果调查发现药店存在违规行为，应接受相应的法律制裁，并进行整改。

加强药品质量管理：药店应对其药品采购、存储和销售流程进行全面的审查和改进，确保类似问题不再发生。

建立患者沟通机制：设立专门的热线或咨询窗口，为患者和家属提供咨询和投诉渠道。及时回应患者的关切和疑问，提供必要的医疗指导和建议。

利用社交媒体积极回应：在社交媒体上积极发布关于此事件的最新进展和处理结果，展现药店的负责态度。对于患者和家属的留言和评论，应积极回应并解释，减少误解和恐慌。

增强透明度与信息披露：定期公布药店的药品质量检测报告和处理进度，增加药店运营的透明度。与媒体保持良好的沟通，及时提供准确的信息，避免不实报道引发的恐慌。

4.案例总结与反思

重视药品质量与安全：药店应始终将药品质量和安全放在首位，加强内部管理和监督力度以确保药品的质量和安全。同时，应定期对员工进行药品知识培训以提高其专业素质和服务水平。

建立快速响应机制：面对舆情危机时，药店应建立快速响应机制，及时发布声明澄清事实真相，并采取有效措施进行应对和处理，以避免舆情危机的恶化和扩大化对企业造成更大的损失。

加强与公众的沟通与联系：药店应加强与公众的沟通和联系及时了解公众需求和反馈意见，并积极改进自身服务水平和产品质量以满足市场需求和期望。通过不断改进和提升自身实力和服务水平，赢得公众的信任和支持实现可持续发展。同时，在处理舆情危机时，药店应保持开放和透明的态度，积极与公众沟通，以赢得公众的理解和支持。

以上案例分析仅供参考，实际舆情危机处理中需要根据具体情况灵活应对，以达到最佳的处理效果。

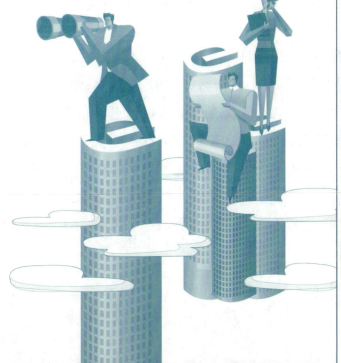

第五章 舆情应急处置心理学总结及对未来舆情前瞻

第一节 舆情应急处置心理学的
策略与方法总结

在本书的探讨中，我们已经深入分析了舆情应急处置的重要性，心理学在舆情形成、传播、应对中的关键作用，以及实用的心理学策略和技巧。在此基础上，本章旨在总结舆情应急处置心理学的核心原则及策略与方法，为读者提供一套系统而全面的理论框架和实战指南。

一、舆情应急处置心理学的核心原则

1.情绪共鸣与同理心

在任何舆情危机中，情绪共鸣和同理心是构建信任和理解的基石。这要求组织不仅仅在表面上回应公众的担忧和情绪，还应真正地理解并感受到这些情绪的深层含义。通过倾听、理解并反映公众的感受，组织可以展现出真诚的关心，从而降低防御性反应，增强信息的接受度。同理心还涉及能够从公众的角度看待问题，这有助于设计出更加贴近公众需求的沟通策略和解决方案。

2.透明度与真实性

透明度和真实性是建立和维护公众信任的关键。这意味着及时、准确地分享信息，包括积极的消息和潜在的负面信息。透明度还意味着在面对不确定性时能够坦诚地承认，并且说明正在采取的措施来解决问题或缩小知识差距。真实性要求组织必须保持一致性，避免夸大或误导性的陈述，以免损害长期的信任和可信度。

3.积极主动的沟通

在舆情管理中，积极主动的沟通策略有助于组织控制叙事，减少不确定性和猜测。这涉及预测可能的问题和公众关切，并主动提供相关信息和解释。主动沟通有助于构建公众的信任感，因为它展示了组织的透明度和责任感。此外，通过提前规划和实施沟通策略，组织可以更有效地管理信息流，减少错误信息和谣言的扩散。

4.基于证据的沟通

所有公开声明和沟通都应该基于事实和证据。在信息时代，错误信息和假新闻的扩散速度极快，因此确保信息的准确性比以往任何时候都更加重要。基于证据的沟通不仅可以增加消息的可信度，还可以帮助公众做出基于事实的决定，同时减少恐慌和误解。

5.灵活性与适应性

舆情危机是动态变化的，要求组织能够快速适应新情况。这意味着需要根据新的信息和公众的反应，灵活调整沟通策略和行动计划。在危机管理中，创新和创造性思维至关重要，它们有助于找到解决问题的新方法，并通过非传统的渠道和方法与公众互动。

6.长期视角

在处理舆情危机时，保持长期视角至关重要。这意味着考虑当前行动对未来信任和组织声誉的影响。成功的舆情管理不仅仅是解决当前的危机，还包括通过危机管理努力促进长期的正面关系建设。这可能涉及在危机解决后继续与公众沟通，解释所采取的改进措施，以及如何防止未来类似事件的发生。

7.持续的关系建设

有效的舆情管理并不仅仅局限于危机发生时的响应。在危机之外的时间里，与公众建立和维护良好的关系同样重要。这可以通过定期的沟通、参与社会对话、支持公共事业等方式实现。这种持续的关系建设有助于在危机发生时作为信任和理解的缓冲，为有效的危机响应提供坚实的基础。

8.反思与学习

每次危机都提供了学习和改进的机会。通过对危机应对的反思和评估，组织可以识别哪些策略和做法是有效的，哪些需要改进。这个过程涉及从错误中学习，不断调整和优化策略，以提高未来舆情应急处置的效能。

二、情绪在舆论形成中的作用

在舆情应急处置中，情绪不仅是推动公众反应的基本力量，也是形成舆论风暴的核心因素。理解并有效管理这股力量，对于缓解舆情危机、重建公众信任具有不可估量的价值。

情绪的传染性质意味着一次小的触发事件可以迅速演变成广泛的社会现象。社交媒体平台放大了这种传播，使情绪化的内容能在短时间内触达数百万人。在舆论形成的早期阶段，公众的情绪反应往往是直观和原始的，基于对事件的初步理解和个人经验。这种情绪反应可以是愤怒、恐惧、同情或悲伤，其强烈程度和扩散速度直接影响舆论的走向。

愤怒和恐惧是两种特别有力的情绪，它们能迅速动员公众关注并促使行动。例如，一起公共安全事件可能激发广泛的恐惧和不安，而政治丑闻则可能引发公众的愤怒和要求变革。这些情绪不仅推动信息的传播，还塑造了公众对事件的解读框架，进一步加剧了情绪的集体体验。

三、公众心理洞察的重要性

在舆情应急处置的过程中，深入洞察并理解公众的心理活动是至关重要的。这一过程涉及对公众情绪、认知行为以及其背后的心理机制的深入分析，旨在建立起一种能够预测和引导公众反应的能力。

公众心理的复杂性在于其易受多种因素的影响，包括但不限于社会事件、媒体报道、社交网络互动等。这些因素共同作用于个体和群体，引发情绪波动和行为反应，进而形成多变的舆论环境。因此，舆情管理者需要掌握心理学的基本原理，比如群体心理学中的"从众行为"，社会心理学中的"认知失调"，以及情绪心理学中的"情绪传染"等，以科学地分析和预测公众的行为。

例如，在面对负面事件的舆论危机时，公众的第一反应往往是情绪化的，如恐慌、愤怒或不信任。这时，理解情绪心理学中的"情绪传染"原理，可以帮助管理者采取措施减少负面情绪的扩散。发布事实清晰、态度诚恳的官方信息，积极与公众沟通，可以有效缓解公众的不安情绪，引导公众形成更为理性的认知和反应。

在实践中，深入洞察公众心理的方法包括但不限于：定期进行舆情调研，收集和分析公众意见；利用社交媒体分析工具，监测公众情绪变化；建立公众心理数据库，归纳总结不同事件类型下公众的心理反应模式等等。通过这些方法，舆情管理者可以更准确地把握公众心理动态，制定出更为有效的舆情应对策略。

四、情绪管理与引导的策略

情绪管理与引导是舆情应急处置中的核心。在处理公众情绪时，不仅要考虑信息的内容，还要关注信息的传达方式和接收后的影响。有效的情绪管理策略可以缓解公众的紧张情绪，避免恐慌情绪蔓延，同时增强公众对危机处理的信心和满意度。

舆情管理者需要具备辨识和理解公众情绪的能力，这包括通过社交媒体分析、民意调查等方式，实时监控公众的情绪变化。在此基础上，通过情感分析技术，可以更精确地捕捉到公众的情绪倾向，例如愤怒、恐惧，还是期待，从而为制定相应的沟通策略提供数据支持。

在明确公众情绪后，下一步是通过有效的沟通来引导和调节这些情绪。在危机初期，透明度是关键。组织应迅速响应，提供准确而全面的信息，避免信息真空造成的恐慌。沟通的语言应当包含同理心，展现出组织对受影响人群的关心和理解，同时也要强调正在采取的行动和解决方案，以减少不确定性带来的焦虑。

在舆情的多变环境中，公众的情绪往往是快速变化和易于被激发的，这要求组织不仅要及时识别情绪的变化，还需要通过有效的沟通策略来引导这些情绪，避免负面情绪的蔓延。实践中，这意味着组织需要建立一个全面的情绪监测和管理体系，通过各种沟通渠道和方法，如社交媒体、公共论坛、直接对话等，实现情绪的正面引导。此外，情绪疏导不仅是关于信息的传递，更重要的是建立起一种包容的沟通氛围，让公众感到被理解和尊重，从而减少恐慌和不信任的情绪。

情绪引导与疏导、透明沟通的实践是舆情应急处置中不可或缺的策略，它们共同构成了组织应对公众舆论挑战的基石。通过有效的情绪管理和透明沟通，组织不仅能够在危机中保护自身形象，更重要的是，能够在挑战中增强公众信任，促进社会稳定。这些策略的成功实施，要求组织具备高度的情绪智慧、沟通技巧和社会责任感，同时也需要不断地学习和适应，以应对不断变化的公众舆论环境。在信息时代，这种能力不仅是组织生存和发展的需要，也是其对社会承担责任的表现。

情绪引导还包括积极的情绪激励，如强调社区的团结和互助，分享危机中的积极故事，提振公众精神和自信。通过建立正面的情绪反馈循环，有助于构建更加积极和理性的舆论环境。

在现代社会，信息传播渠道多样化，因此，情绪管理和引导策略也需要跨越多个平台和媒介。除了传统的新闻发布会，社交媒体、官方网站、短信服务等都是重要的沟通渠道。在这些平台上，组织可以根据不同群体的特点和偏好，定制化沟通信息和策略，确保信息能够有效达到目标受众，实现情绪的有效管理和引导。

五、预防与快速响应的实践

有效的舆情监测和预警系统是组织能够及时识别并应对潜在舆情的基础。这一系统应综合运用技术工具和人工分析，通过关键词追踪、情绪分析、话题趋势等功能实现对网络空间的全方位监控。例如，使用自然语言处理技术可以帮助识别负面情绪和潜在的危机信号，而人工分析则在解读复杂语境、评估信息真实性方面发挥关键作用。构建这一系统时，重要的是要确保其能够灵活适应不断变化的信息环境，及时调整监测策略和关键词设置，以捕捉到最新的舆情动态。

快速响应策略要求组织在识别到潜在危机时，能迅速采取行动，包括立即收集信息、制定决策和公开沟通。在这一过程中，决策的速度和准确性至关重要。组织应预先建立一套明确的危机沟通流程，包括指定危机响应团队、设定沟通渠道和制订信息发布计划。在危机发生时，这一流程能够确保信息的快速汇集和处理，以及对外沟通的及时性和一致性。

预测模型的构建基于对大量历史数据和实时信息的深入分析，

旨在识别可能触发舆情波动的因素，评估未来发展趋势。这一过程涉及复杂的数据分析技术和机器学习算法，目的是在问题发生之前识别风险，为组织提供宝贵的预警时间。通过对过往舆情事件的模式识别，预测模型能够揭示特定类型的事件如何可能引发公众关注和情绪反应，从而指导组织提前准备应对策略，降低危机发生的概率和影响。

实时监测作为舆情管理的眼睛，它的技术和方法正迅速发展，包括社交媒体监听工具、情感分析和数据可视化等。这些工具和技术能够实时追踪和分析公众讨论的热点话题、情绪变化和信息传播路径，为组织提供实时、准确的舆情动态。实时监测不仅帮助组织捕捉到潜在的舆情危机，更重要的是，它使组织能够及时了解公众的反馈和期望，及时调整沟通策略和行动方案，有效应对舆情挑战。

快速响应机制的建立是舆情管理中的关键一环，它要求组织能够在短时间内做出反应，有效沟通，以减轻或消除负面舆情的影响。这一机制的成功建立依赖跨部门的密切协作、明确的沟通流程和预先准备的应对方案。快速响应团队需要具备灵活应变的能力，能够根据实时监测的信息和预测模型的指导，迅速制订出具有针对性的沟通和行动计划。此外，通过模拟演练和实战训练，快速响应团队能够在真实舆情危机发生时，高效、有序地执行预定计划，最大限度地保护组织和公众利益。

六、跨部门合作

成功的跨部门合作基于明确的协议和共同的目标。例如，政府可以承担监管角色，确保信息的准确性和时效性；媒体负责客观报道，提高公众的理解和认知；企业和民间组织则通过主动透明的沟通，建立和维护公众信任。这种合作要求参与方之间建立定期沟通机制，如共享工作进度、数据分析和策略调整等，以确保各方在危机应对过程中能够同步行动。

构建有效协作机制，有效的协作机制需要基于互信和共识。定期的联合培训和演练可以帮助各方熟悉彼此的工作方式和应急流程，增强合作时的默契和效率。同时，建立一个跨部门的信息共享平台，可以实时更新舆情动态和应对措施，避免信息孤岛，确保协作过程中的信息透明性和一致性。

七、案例学习与模拟训练的价值

案例学习提供了从过去舆情危机中学习的机会，特别是那些处理得当与否的案例，它们为舆情管理提供了宝贵的经验。深入分析这些案例，可以帮助理解舆情的发展过程、公众反应以及管理策略的有效性。此外，组织可以根据这些案例设计模拟训练，模拟真实的危机情境，让团队成员在模拟环境中实践危机应对策略，提升决策能力和应急响应速度。

案例分析与经验总结是组织学习和进步的基石。通过回顾和分析历史上的舆情管理案例，组织能够更好地理解在不同情境下公众情绪和反应的变化规律，识别有效应对策略与实施中的不足。这一过程涉及对舆情发展的全面回顾，包括舆情的起因、发展过程、管理措施及其效果，以及最终的结果和影响。从这些案例中总结出的经验和教训，对于完善组织的舆情应急预案，提升危机管理能力具有重要价值。

深度分析历史舆情案例意味着不仅仅停留在表面的事件回顾，还应深入探讨舆情背后的心理、社会和技术因素以及这些因素如何相互作用，共同影响舆情的发展。这种分析关注于舆情管理中的决策过程、沟通策略的选取与执行以及公众反馈的处理等关键环节。通过对这些案例的深入研究，组织不仅能够提炼出有效的舆情应对原则和策略，还能够识别潜在的风险点和弱势环节，为未来可能出现的舆情挑战做好准备。

持续的优化策略是组织适应不断变化的舆论环境，提高舆情应急处置能力的关键。这要求组织不仅在每次舆情应对后进行反思和总结，而且要将这些反思和总结转化为行动，优化预案、完善流程、强化培训和演练。持续的优化还意味着要保持对新兴技术和媒体趋势的敏感性，适时调整舆情监测和分析工具，以及沟通和互动方式，确保舆情管理策略与时俱进。此外，持续的优化还需要组织建立跨部门、跨领域的合作机制，形成协同应对舆情挑战的综合能力。

八、组织的危机管理能力

在舆情应急处置的实践中，各种挑战不断涌现，对组织的危机管理能力提出了严峻考验。这些挑战不仅来自外部环境的复杂性和变化性，也与内部管理的能力和资源分配密不可分。

危机发生时，信息的不准确和不及时往往会导致公众产生恐慌和焦虑，甚至加剧危机的严重性。尤其是在数字化时代，社交媒体等新兴平台的兴起使谣言和不实信息的传播速度更快，范围更广，给危机管理带来了新的挑战。因此，组织需要加强与媒体和社交媒体平台的合作，积极纠正错误信息，提供准确的事实，以及及时回应公众关切，以有效应对信息不对称和谣言传播的挑战。

在危机事件中，公众往往会表现出愤怒、恐慌、焦虑等情绪，这可能导致集体行动、抵制或暴力事件的发生，进一步加剧危机的复杂性和严重性。因此，组织需要采取有效的情绪管理和调节策略，包括倾听、理解和回应公众情绪，以及通过透明度、真实性和同理心来建立信任和理解。

在数字化时代，信息传播的速度和范围大大加快，媒体形态和渠道不断涌现，使组织更难以控制信息流和叙事走向。与此同时，社交媒体的兴起也使公众更容易获取和分享信息，增加了舆情管理的复杂性和难度。因此，组织需要不断更新和调整沟通策略，灵活应对不同的媒体环境和传播方式。

危机往往涉及多个部门和利益相关者，需要跨越不同的职能和地域进行有效的协调和合作。然而，由于部门之间的信息孤岛和利益冲突，跨部门合作往往面临困难和挑战。因此，组织需要建立有效的危机管理机制和跨部门协作平台，加强信息共享和沟通，以应对危机带来的挑战。

预算限制和资源短缺也是舆情管理的常见挑战之一。在危机发生时，组织往往需要投入大量的人力、物力和财力以应对危机，包括人员培训、设备采购、媒体购买等方面。然而，由于预算限制和资源有限，组织往往无法充分满足危机管理的需求，从而影响到危机管理的效果和组织的声誉。因此，组织需要制订合理的预算计划和资源配置策略，优先保障危机管理的基本需求，同时寻求外部资源的支持和合作，以应对危机带来的挑战。

九、社会责任与伦理考量

社会责任与伦理考量在舆情应急处置中扮演着至关重要的角色。随着信息传播的全球化和数字化，组织在处理舆情事件时必须秉持高度的社会责任感和伦理标准，以保护公众利益、维护社会秩序、保障公共安全和健康。社会责任意味着组织必须以公众利益为先，不断提升自身的社会责任意识和行动力。在舆情事件中，组织应当始终坚持诚信、公正、透明的原则，积极回应公众关切，保障公众的知情权和参与权，主动承担起社会责任，推动社会的健康发展和进步。在处理舆情事件时，组织必须遵循伦理规范，尊重公众的权益和尊严，维护信息的真实性和客观性，不得散布谣言和不实信息，不得侵犯他人的隐私和合法权益，不得违反法律和道德底线。社会责任和伦理考量还需要组织在舆情管理中积极回应社会的多元化和复杂化需求。在全球化和多元文化的背景下，组织必须尊重不同文化、宗教、民族和价值观念的差异，倾听和理解不同群体的声音和诉求，促进跨文化交流和理解，促进社会的和谐稳定和共同发展。

社会责任和伦理考量还需要组织在舆情管理中不断创新和提升自身的管理水平和技术能力。随着信息技术的不断发展和应用，舆情管理面临着越来越多的挑战和机遇。组织需要不断加强技术创新和管理创新，提高舆情管理的精准度和效率，提升危机管理的应对能力和反应速度，以更好地履行社会责任，实现自身可持续发展。只有不断强化社会责任意识，严格遵循伦理规范，积极回应社会的多元化需求，不断创新和提升自身的管理水平和技术能力，组织才能更好地履行社会责任，实现自身可持续发展。

　　总体而言，有效的舆情应急处置不仅要求对舆论心理机制的深刻理解和对信息环境的精准把握，还需要组织在危机发生时能够迅速、透明和多元化地响应。通过案例分析和经验总结，组织可以从过去的成功和失败中学习，不断优化舆情应对策略，建立更加稳固的公众信任基础，有效应对未来的舆论挑战。

第二节 舆情应急处置心理学应用的未来挑战与发展展望

一、舆情应急处置心理学应用未来的主要挑战

（一）信息技术的"双刃剑"效应

在当今信息爆炸的时代，信息技术如互联网、社交媒体平台、大数据分析等，对舆情应急处置起着至关重要的作用。这些技术的应用大大提高了信息的获取、处理和传播效率，使得舆情监测和分析更为快捷和精确。然而，信息技术的发展也带来了新的挑战，如信息过载、虚假信息的传播等，对舆情管理提出了更高的要求。

一方面，信息技术的应用使得舆情管理者能够实时监控网络舆论，利用大数据分析技术深入挖掘公众情绪和意见趋势，及时发现并预警潜在的舆情危机。通过社交媒体平台，管理者可以直接与公众沟通，迅速传递官方信息，有效引导舆论方向。

另一方面，互联网的匿名性和开放性也为虚假信息、谣言的传播提供了温床，这对舆情管理构成了严峻挑战。例如，未经证实的信息可以在短时间内通过社交网络迅速传播，引发公众的误解和恐慌。此外，技术的进步也使信息的伪造变得更加容易，如深度伪造技术的出现，使假新闻和虚假信息更难以辨识。

针对这些挑战，舆情管理者需要利用信息技术的优势，同时提高警惕和应对能力。加强与技术公司的合作，利用算法和人工智能技术识别和过滤虚假信息；提升公众的媒介素养，增强其识别和鉴别信息真伪的能力；建立快速反应机制，一旦发现虚假信息和谣言，及时发布官方信息进行澄清和反驳，减少其对公众心理和社会秩序的负面影响。

通过深入探讨以上两个方面，我们可以看到，舆情应急处置不仅需要深刻理解和运用心理学原理，还需要与时俱进，充分利用现代信息技术的力量，同时警惕其潜在的风险。只有这样，才能在复杂多变的信息环境中，有效管理和引导公众舆论，维护社会稳定和谐。

（二）新技术滥用的挑战

在未来的舆情管理领域，新技术的发展既带来了前所未有的机遇，也伴随着严峻的挑战，特别是技术滥用问题。随着人工智能、大数据、区块链等技术的迅速进步，它们在提高信息传播效率、增强舆情分析能力等方面的积极作用不容忽视。然而，技术滥用，如虚假信息的制造和传播、个人隐私的侵犯、网络舆论的人为操纵等，也给公众信息环境带来了前所未有的风险和挑战。

随着深度学习技术的发展，生成对抗网络（GANs）等技术可以创造极其逼真的虚假图像、视频和音频，这种被称为"深度伪造"的内容越来越难以被普通公众和传统的技术手段识别。这不仅威胁到个人的声誉和隐私安全，也对社会公信力和信息真实性构成挑战，加剧了公众对媒体和信息的不信任。

机器学习和大数据技术的应用，使得在社交媒体平台上操纵舆论成为可能。通过算法驱动的内容推荐系统，特定的信息可以被放大传播，而无视其真实性。同时，利用自动化工具，如社交机器人，可以在短时间内生成大量伪造的在线活动，误导公众认知，操控舆论方向。

大数据和人工智能技术在提高舆情监测和分析能力的同时，也引发了对个人隐私保护的担忧。不当收集和使用个人数据，不仅侵犯了个人隐私权，也可能被用于不正当的舆论分析和操纵，增加了社会不信任和分化。

随着深度伪造技术的发展，研究和开发用于识别和验证信息真实性的技术显得尤为重要。利用人工智能进行图像、视频和音频的真伪鉴定，结合区块链技术确保内容的来源和完整性，是未来应对技术滥用的重要方向。

建立和完善与时俱进的法律和伦理框架，对技术滥用进行规制和惩罚，是保障信息环境健康发展的基础。这包括对虚假信息的制造和传播、个人隐私的保护、网络舆论操纵等行为的明确界定和法律责任的追究。

在技术快速发展的背景下，提升公众的媒介素养，增强其识别虚假信息和保护个人隐私的能力，是未来舆情管理的重要任务。教育和公益活动，可以帮助公众建立正确的信息消费观念和网络行为习惯。

面对全球化的信息环境和技术挑战，加强国际合作，共同制定应对新技术滥用的国际标准和规范，对于构建一个健康、可信的全球信息环境至关重要。

（三）专业化与国际合作的发展趋势

随着全球化和信息技术的发展，舆情管理正逐渐成为一个需要高度专业化知识和技能的领域。同时，舆情的跨国特性要求不同国家和地区之间进行更紧密的合作和交流。

越来越多的高等教育机构开设舆情管理、危机沟通等相关课程，旨在为学生提供理论知识和实际操作技能的培训。同时，专业认证和继续教育项目也越来越受到重视，以确保舆情管理专业人员能够不断更新其知识和技能。

研究和实践：舆情管理的理论研究正在深化，研究者正尝试从心理学、社会学、传播学等多个角度探索舆情形成和演变的机理。同时，实践者们通过案例分析、模拟演练等方式，不断总结经验，提炼方法。

在全球化背景下，一个地区的事件很容易引发跨国舆情反应。因此，不同国家和地区的舆情管理机构开始建立合作机制，共享信息，协同应对跨国舆情事件。

为了提高舆情管理的效率，国际组织和专业机构正努力制定一系列舆情管理的国际标准和最佳实践指南，促进知识和经验的国际交流。

舆情管理是一个多维度、跨学科的领域，需要综合运用多种知识和技能。随着社会的发展和技术的进步，舆情管理面临的挑战和机遇并存，这要求从业者不断学习和适应，同时也预示着这个领域将继续向专业化和国际化的方向发展。未来舆情管理领域的专业化和国际合作将成为发展的重要趋势。随着信息技术的不断进步和全球化的加剧，舆情事件的处理需要更加专业化的技能和跨国合作的支持。本节将从专业化提升和国际合作加强两个方面展开论述。

随着舆情管理领域的不断发展，专业化水平的提升将成为未来的主要方向之一。舆情管理不再是简单的舆论监测和应急处置，而是需要具备系统性、专业性的知识和技能。这包括对舆情事件的准确分析、危机应对的策略制定、舆情传播的心理学和法律的理解等多方面的要求。

未来的舆情管理人才需要具备较强的分析能力和判断力。他们需要通过对海量数据的分析和挖掘，快速准确地把握舆情事件的态势和发展趋势，为决策提供可靠的数据支持。同时，他们还需要具备较强的危机应对能力，能够在舆情事件发生时迅速做出反应，有效控制舆情局势的发展。跨学科的综合能力也是未来舆情管理人才必备的素质之一。舆情管理涉及心理学、传播学、法律学等多个学科领域，需要跨学科的知识和技能的综合运用。未来的舆情管理人才应该具备较强的综合素养，能够在不同学科领域之间进行有效的沟通和协调。

在全球化的背景下，舆情管理领域的国际合作将变得越来越重要。舆情事件往往具有跨国性和全球化的特点，需要各国政府、组织和机构之间加强合作，共同应对跨国舆情挑战。

国际合作可以在信息共享方面发挥重要作用。各国政府和组织可以通过建立信息共享机制，及时分享有关舆情事件的信息和数据，增进彼此之间的了解和信任。这有助于各国更好地掌握舆情事件的发展动态，制定更加有效的应对策略。国际合作还可以在技术交流和创新方面发挥作用。舆情管理涉及大数据分析、人工智能应用等前沿技术，各国之间可以通过技术交流和合作，共同推动技术的创新和应用，提升舆情管理的效率和水平。国际合作还可以在法律和伦理框架的建立方面发挥作用。各国可以加强在舆情管理法律法规和伦理规范方面的交流和合作，共同建立起适应全球化需求的法律和伦理框架，为舆情管理提供更加稳定和可持续的制度保障。

（四）理论创新

未来的心理学理论将更加注重情感识别与应对、舆情传播规律的探索以及舆情事件演化的预测。对于情感识别与应对，研究人员将深入探讨情感在舆情事件中的作用机制，发展更加精准的情感分析模型，从而更好地理解和应对舆情事件中的情感波动。此外，对舆情传播规律的探索将成为心理学研发的重要方向，研究人员将借助大数据技术，深入挖掘舆情传播的规律性，为舆情管理提供更为科学的理论支持。此外，未来心理学研发还将更加注重对舆情事件演变的预测，通过建立预警模型和预测算法，提前发现潜在的舆情风险，及时制定有效的应对策略。

充分借助先进的信息技术，提升舆情管理的智能化水平。人工智能、大数据分析、自然语言处理等技术将得到广泛应用，为舆情管理提供更为精准、高效的技术支持。例如，基于大数据和机器学习的情感分析技术将实现对舆情情感的快速准确识别，为舆情态势分析和预警提供可靠数据支持。同时，自然语言处理技术将实现对海量舆情信息的快速处理和分析，提升舆情监测与处置的效率和精度。

尽管信息技术的发展为舆情管理带来了新的机遇，但同时也带来了新的挑战。未来，舆情管理者需要面对更加复杂、多变的舆情环境，同时还须应对信息技术滥用、网络舆情操纵等新型挑战。在实践中，舆情管理者需要加强对技术风险的认识，建立健全信息安全保障体系，有效防范和应对信息技术滥用的风险。

未来舆情管理要更加注重社会责任与伦理原则的遵循。要深刻认识到舆情管理的社会影响和责任，坚持以人民为中心的发展思想，保障公众的知情权、参与权和表达权，切实维护公众的合法权益。同时，还需要加强对信息传播伦理的思考，坚持真实、客观、公正的原则，防止虚假信息和谣言的传播，维护信息传播的良性秩序和社会稳定。

未来心理学的发展将在理论创新、技术应用、实践挑战和社会责任与伦理考量等方面取得新的突破和进展，为舆情管理提供更为科学、精准的理论指导和实践支持。

二、舆情应急处置心理学实战策略的要点与趋势

(一) 舆情应急处置心理学实战策略的核心要点

随着互联网的迅猛发展，舆情环境日益复杂多变。舆情应急处置作为危机管理的重要组成部分，越来越受到各类组织和企业的重视。而心理学实战策略在舆情应急处置中的应用，为化解危机、维护形象、重建信任提供了有力的武器。本章节通过对多个案例的深入分析，系统总结了舆情应急处置心理学实战策略的核心要点和实践经验。

首先，快速响应是舆情应急处置的首要原则。在舆情事件发生后，第一时间做出反应，能够迅速掌握话语权，避免谣言和误解的

扩散。这种快速响应需要组织建立高效的舆情监测机制，及时发现和分析舆情动态，以便做出迅速而准确的决策。同时，还需要加强与媒体和公众的沟通，及时传递真实、准确的信息，消除信息不对称带来的负面影响。

其次，情感共鸣是化解舆情危机的关键。在处理舆情事件时，组织需要展现出对公众情感的理解和共鸣，以缓解紧张氛围，化解对立情绪。这要求组织在沟通中注重情感表达，用真诚、关切的态度与公众进行互动，传递出积极、正面的信息。同时，还需要关注公众的心理需求，提供必要的心理支持和帮助，以增强公众的认同感和归属感。

再次，透明处理是建立信任的重要途径。在舆情应急处置中，组织需要公开、透明地处理事件，展现出诚信和负责任的态度。这包括公开调查过程、公布处理结果、接受公众监督等。通过透明处理，组织能够赢得公众的信任和支持，为危机后的恢复和发展奠定坚实的基础。

最后，长期信任需要持续的努力和维护。舆情应急处置不仅是一次性的危机处理，更是建立长期信任的过程。这需要组织在日常运营中持续展现诚信、专业和负责任的态度，加强与公众的沟通和互动，积极履行社会责任，以树立良好的品牌形象和公众形象。

（二）舆情应急处置心理学实战策略的发展趋势

随着社交媒体的普及和信息传播速度的加快，舆情环境将变得更加复杂多变。在未来，心理学实战策略在舆情应急处置中的应用将面临更多的挑战和机遇。

首先，预防将成为舆情应急处置的重要方向。通过加强日常的品牌形象建设、公众关系维护以及危机预警机制的建设，组织可以降低舆情事件发生的概率，减少危机对组织和公众的影响。这需要组织在日常运营中注重品牌形象的塑造和传播，加强与公众的沟通和互动，建立稳定的公众关系网络。同时，还需要建立完善的危机预警机制，及时发现和分析潜在的危机因素，制定相应的应对措施和预案。

其次，数据驱动的决策将成为舆情应急处置的重要趋势。利用大数据和人工智能技术，组织可以实时监测和分析公众情绪、舆论趋势和传播路径等信息，为舆情应急处置提供更加精准的数据支持。这将有助于组织更加准确地把握公众需求和舆情动态，制定更加科学和有效的应对策略和措施。同时，数据驱动的决策还可以帮助组织评估危机处理的效果和影响，为未来的危机管理提供经验和借鉴。

再次，多元化的沟通方式将更加丰富舆情应急处置的手段和渠道。随着传播渠道的多样化和公众信息获取习惯的改变，组织需要运用多种沟通方式与公众进行互动和交流。这包括社交媒体、视频直播、在线问答等新型沟通方式的应用。通过多元化的沟通方式，组织可以更加及时、准确地传递信息，提高沟通效率。同时，还可以借助这些新型沟通方式展示组织的品牌形象和文化内涵，增强公众对组织的认知和认同。

最后，心理干预和支持将成为舆情应急处置中不可或缺的一部分。在舆情事件处理过程中，相关人员可能会面临巨大的心理压力和负面情绪。因此，组织需要重视对相关人员的心理干预和支持工作，提供必要的心理咨询、疏导和援助等服务。这将有助于减轻相关人员的心理压力和负面情绪，提高其应对能力和工作效率。同时，心理干预和支持还可以帮助组织更好地了解公众的心理需求和情绪反应，为制定更加精准的应对策略提供有力支持。

综上所述，舆情应急处置心理学实战策略在未来将面临更多的挑战和机遇。为了更好地应对这些挑战和把握这些机遇，组织需要不断加强自身的能力建设和创新发展。通过加强预防工作、利用数据驱动决策、丰富沟通方式以及提供心理干预和支持等措施，组织将更加有效地应对舆情挑战，维护品牌形象和公众信任。

在编纂这本书的过程中，我们深入剖析了舆情管理的复杂性、多维度性及其在现代社会中的重要性。本书通过综合心理学原理、舆情应急处置实践以及对未来技术发展趋势的深度洞察，为读者呈现了一个全方位的舆情管理视角。在信息技术日新月异、社会观点日益分化的当下，本书不仅回应了舆情管理领域内的现实挑战，也预见了未来可能面临的新问题，并提出了应对之策。

本书首先从心理学的角度出发，深入探讨了公众情绪的形成、演变及其对舆情发展的影响。通过分析个体心理和群体心理的相互作用，揭示了舆论如何在特定心理和社会文化背景下形成。书中不仅详细讨论了恐慌、信任、从众等心理现象，还从心理干预的角度提供了舆情引导和控制的策略，强调了在舆情管理中理解和应用心理学原理的重要性。

结合丰富的实践案例，本书深入分析了舆情应急处置的策略和方法，从监测预警、危机响应到舆论引导和恢复形象等多个环节进行了系统的梳理和讲解。书中不仅总结了成功的舆情管理经验，也对失败的案例进行了反思，为舆情管理实践者提供了宝贵的经验教训和操作指南。

面对新技术的挑战和社会分化的加剧，本书提出了一系列创新的舆情管理策略和思路。特别是对提升公众媒介素养的重要性进行了深度论述，强调了在全民媒介素养教育、法律法规完善、跨界合作等方面的努力，旨在构建一个更加健康、透明的信息环境。同时，书中也探讨了大数据、人工智能、区块链等新技术在舆情管理中的应用前景，指出了未来舆情管理需要跨学科、跨领域综合运用各种知识和技术的趋势。

这是一部立足于当前，展望未来的舆情管理著作。它不仅为舆情管理专业人士提供了理论和实践上的指导，也为广大公众理解舆情现象、提升信息判断力提供了思考的视角。在这个信息快速发展变化、舆论环境日趋复杂的时代，本书的出版具有重要的现实意义和长远的价值，旨在促进社会的和谐稳定，推动舆情管理领域的健康发展。